Franz Lehár

rororo

rororo

rowohlts monographien
begründet von Kurt Kusenberg
herausgegeben von Wolfgang Müller
und Uwe Naumann

Franz Lehár

Dargestellt von Norbert Linke

Rowohlt Taschenbuch Verlag

Umschlagvorderseite: Lehár beim Notieren (um 1912)
Umschlagrückseite: Signatur zum ersten Aktende von «Paganini», skizziert in vier Stunden
Uraufführungsfoto von der «Lustigen Witwe» mit Mizzi Günther (Hanna Glawari) und Siegmund Natzler (Baron Mirko Zeta)

Seite 3: Lehár probt im Theater an der Wien den «Graf von Luxemburg».
Seite 7: Lehár als Schlaraffe «Ritter Tonreich»

Originalausgabe
Veröffentlicht im Rowohlt Taschenbuch Verlag GmbH, Reinbek bei Hamburg, März 2001

Umschlaggestaltung Ivar Bläsi
Redaktionsassistenz Karolin Marhencke
Reihentypografie Daniel Sauthoff
Herstellung Gabriele Boekholt
Satz PE Proforma *und* Foundry Sans *PostScript, QuarkXPress 4.1*
Gesamtherstellung Clausen & Bosse, Leck
Printed in Germany
ISBN 3 499 50427 8

Die Schreibweise entspricht den Regeln der neuen Rechtschreibung.

INHALT

Kakanische Verhältnisse

«Operettenkönige» sind keine gewöhnlichen Sterblichen. Von einem spanischen Grande soll Johann Strauß[1], von einem französischen Marquis Franz Lehár[2] abstammen. Ob Franzose, Ungar, Deutscher, Slowake, Tscheche, Österreicher: Lehárs Geburtsort Komárno zählt heute zur Slowakei. Damals hieß er Komárom (ung.) und Komorn (dt.). Lehár gilt als «österreichischer Operettenkomponist»[3]. Der Österreicher Adolf Hitler adelte ihn zum «Meister der deutschen Operette»[4]. *In Ungarn bin ich zur Welt gekommen. Im Jahre 1870, in Komorn, wo mein Vater, Franz Lehár, als Militär-Kapellmeister stationiert war. Bis zu meinem zwölften Lebensjahr habe ich auch nur Ungarisch gesprochen und Ungarisch gelernt.*[5] Er signierte: *Lehár Fz.*, den *Ferencz* «zu einem violinschlüsselartigen Schnörkel abgekürzt»[6]. Das ungarische Dehnungszeichen hat der Vater, von Geburt ein Lehar (ohne Strich), erst 1869 adaptiert, als er in Komárom die Ungarin Christine Neubrandt heiratete.[7]

Die Lehárs aber stammen, wie die Eltern Franz Schuberts, aus der Habsburgerprovinz Mährisch-Schlesien. Zwischen Altvatergebirge und dem Erzbischofssitz Olmütz (Olomouc) wirkten sie als Kleinbauern, Glaser, Tischler und Gastwirte. Im nördlich von Mährisch Neustadt (Uničov) gelegenen Dorf Schönwald (Šumvald) heirateten die Urgroßeltern[8] Georg Polach und Barbara Riedel (1800), Johann Lehar und Barbara Beil (1806). Letztere stammten aus Brünnles (Brnicko), Pfarre Lesnitz (Lesnice) a. d. March. Ihr Sohn, der Glaswarenhändler Josef Lehar (1810–1881), ehelichte mit neunzehn Jahren die Schönwälderin Anna Polach (1804–1876). Sie gebar ihm drei Söhne: Johann, Anton und Franz. Der Älteste, Johann (1830–1905), übernahm die Glaserwerkstatt im Schönwalder Haus Nr. 138. Die Jüngeren wurden zu Militärmusikern ausgebildet.

Onkel Anton (1834–?) avanciert in Pilsen, Eger und Wien zum Kapellmeister[9] des Feldjägerbataillons Nr. 2. Als deren Harmoniemusik Ende 1867 dem politischen Ausgleich zum Opfer fällt, verdingt sich Anton 1868 als Städtischer Musikdirektor des nördlich von Olmütz gelegenen Sternberg: ein von Schloss und gotischer Kirche bestimmter, wirtschaftlich und kulturell bedeutender Marktflecken, in dem der jüngste der Glasersöhne, Franz Lehar (1838–1898), seine Musikerlaufbahn beginnt. *Mein Vater, der ursprünglich Landwirt werden sollte, sich aber in eine kleine Geige verliebte, pilgerte schon als zehnjähriges Bübchen nach Sternberg, um beim Stadtkapellmeister Heydenreich in die Geheimnisse der Tonkunst eingeweiht zu werden. Der musikalische Anfangsunterricht bestand im Glockenläuten und Kinderwiegen, später jedoch wurde ihm Heydenreich ein tüchtiger Lehrer.*[10] Der Vater erlernt das Spiel auf Schlagzeug- und Streichinstrumenten, auf Klarinette, Horn und Trompete. Der

Lehárs mährische Großeltern Anna und Josef Lehar zu Anfang der siebziger Jahre des 19. Jahrhunderts

Siebzehnjährige zieht wie ein Wandermusikant aus Joseph von Eichendorffs «Taugenichts» durch Mähren und Niederösterreich nach Wien. Dort wird er 1855 Hornist am Theater an der Wien, das seinem Sohn fünfzig Jahre später den Welterfolg der *Lustigen Witwe* bescheren sollte. Das Orchester leiten Adolf Müller sen. und Franz von Suppè. Sie steuern Musiken zu Possen, Charakterbildern, Volksstücken bei und dirigieren erste Pariser Offenbach-Einakter.

Der 1857 für «kriegstauglich» befundene Lehar muss das Theater verlassen und der Kapelle des Infanterieregiments Nr. 5 (IR 5) beitreten. In Wien erlebt er die Schleifung der Stadtbefestigung, die Einweihung des Donauquais und zahlreicher Neubauten. Das moderne Ringstraßen-Projekt soll Wien zur Weltstadt wandeln. Anfang 1859 muss das IR 5 mit seiner Banda nach Italien ziehen. Am Gardasee kommt es zur blutigen Schlacht von Solferino. Schmählich endet der Krieg für Österreich: Große Teile der Lombardei gehen mit dem Züricher Frieden verloren.

Auf militärische Niederlagen reagieren die Wiener mit gesteigerter Vergnügungssucht. Ein «Tanz ohne Ende» bildet den Höhepunkt des Karnevals 1860. Am 13. Februar spielen die Kapellen Johann und Josef Strauß im Sofiensaal rund fünfzig Tänze und die «Monstre-Quadrille»[11]. Einen Monat später erzielt Johann Nestroy am Carl-Theater mit Jacques Offenbachs «Orpheus in der Unterwelt» einen Sensationserfolg. Ihm verdanken wir die «Wiener Operette», die am 24. November 1860 das Theater an der Wien mit Franz von Suppès «Pensionat»[12] begründet. Deren Melodien arrangiert Lehar für die Soldaten der Festungen Verona und Mantua, die bei Österreich verblieben sind. Er bewährt sich unter Anleitung von Alois Gielg[13], sodass am 1. August 1863 die Berufung zum Militärkapellmeister erfolgt. In Padua übernimmt er die Musikkapelle des ungarischen IR 50. Der Fünfundzwanzigjährige zählt nun zu jenem Kreis beliebter Kapellmeister-Komponisten, dem die Weltgeltung der österreichischen Militärmusik zu verdanken ist: Karl Komzák Vater (IR 11), Philipp Fahrbach sen. (IR 14), Alfons Czibulka (IR 17, 23), Josef Gungl (IR 23), Josef Kovács

(IR 27, 56), Michael Zimmermann (IR 38, 73, 50), Josef Král (IR 48), Franz Massak (IR 49, 72), Jakob Haag (IR 64).[14] In Wien debütiert am 21. November 1863 Carl Michael Ziehrer[15] im Dianabad-Saal als neuer Stern des Tobias-Haslinger-Verlages. Da wechseln die drei Strauß-Brüder zu C. A. Spina und festigen ihre Monopolstellung[16] in der Wiener Tanzmusik. 1870, im Geburtsjahr Franz Lehárs, verdingen sich Ziehrer (IR 55) und Philipp Fahrbach jun. (IR 23) erstmals als Militärkapellmeister; ein Jahr später folgt der einundzwanzigjährige Karl Komzák Sohn (IR 7).

Aufstieg und Faszination der k. u. k. Militärmusik war seinerzeit vor allem drei Meistern zu danken: Andreas Leonhardt (1800–1866)[17] in organisatorischer, Philipp Fahrbach sen. (1815–1885)[18] in künstlerisch-pädagogischer Hinsicht und Franz Lehár sen.[19] in der Vorbildfunktion des «totalen» Militärkapellmeisters. Insgesamt 24 Jahre leitet er die Banda des IR 50 Großherzog von Baden: 1863–80 und 1888–95. Mit ihr spielt er in Padua und Treviso (1863), Rovigo (1865) und Verona (1866). Als Italien, von Preußen unterstützt, am 20. Juni 1866 Österreich den Krieg erklärt, ist Lehar wieder an der Front. Vier Tage später komponiert er nach der Custozza-Schlacht den «Oliosi Sturm-Marsch»[20]. Dieser Sieg wird jedoch im böhmischen Königgrätz verspielt, wo zum Ende des Deutschen Bruderkriegs die 50er ins Gefangenenlager bei Brünn (Brno) geraten. Trost finden die Wiener abermals bei Musik von Johann Strauß. Mit dem Chorwalzer-Appell «[…] was nutzt das Bedauern, das Trauern, drum froh und heiter seid!» erzielt Strauß auf dem Narrenabend des Wiener Männer-Gesang-Vereins seinen größten «Schlager»[21]: «An der schönen blauen Donau».

Im Unterschied zu Kollegen, die auch Zivilkapellmeister waren, bleibt Lehár sen. zeitlebens der Militärmusik treu. 41 Jahre hindurch sind Kasernern, Casinos, Paradeplätze, Promenaden, Pavillons, Kirchen und Konzertsäle seine Arbeitsstätten. Von Böhmen bis Rumänien, von Norditalien bis Ostgalizien hat Lehár alle ein bis drei Jahre das Quartier gewechselt.

Im März 1867 beschert der Ausgleich dem nach Russland noch immer zweitgrößten Staatengebilde Europas die Doppelmonarchie. Der österreichische Kaiser ist König von Ungarn in Personalunion. Die slawische Bevölkerungshälfte fühlt sich benachteiligt. Als 1871, im Jahr der ersten Strauß-Operette «Indigo», der Autonomie-Entwurf für Böhmen[22] abgelehnt wird, kommt es zu Unruhen. Scharfmacher bestimmen den Alltag auch in anderen Regionen «Kakaniens»[23]. Die bitteren Folgen sind bekannt: Erster Weltkrieg, Tote und Verwundete in Millionenhöhe, Zerfall der Donaumonarchie. Dieses Schreckensende hat Vater Lehár nicht mehr miterleben müssen. Ihm, dem gekränkten Böhmen, eröffneten sich bessere Aussichten in Ungarn, wo die Heeresformationen Verstärkung erfuhren. So werden die Fußtruppen der 50er im Spätherbst 1868 in die Donaufestung Komárom verlegt. Erstmals betritt Lehar ungarischen Boden. Magyarisierte Deutsche prägen das wirtschaftliche und kulturelle Leben der Hafenstadt. Hier hat Lehar auch öffentliche Auftritte[24] zu organisieren: in der Militärkirche, vor Hafenanlagen, bei Straßenumzügen und im Musikpavillon der Promenade. Dort spielt die Kapelle des IR 50 auch Werke ihres Kapellmeisters Lehár Ferencz: den «Lieder-Marsch», die Polka «Liebe und Wein».

Franz Lehar (sen.) 1866 als Kapellmeister im ungarischen Infanterieregiment Nr. 50

Wie und wo sich Lehár mit Christine Neubrandt zur «reinen Liebesheirat»[25] entschloss, haben beide der Welt verschwiegen. In einer Vorstadt Komorns am 15. März 1849 geboren, lebt Christine mit ihrer Mutter vom väterlichen Erbe des Seifensieders und Kerzenfabrikanten Franz Neubrandt (1808–66).[26] Er hatte als Imigrator[27] (Eingewanderter) 1836 die Ungarin Christine Goger (1810–1902) aus Nagyigmánd, 15 km südlich von Komárom, geheiratet. Die Neubrandts sollen «aus Preußen» stammen und «nach den Taufbüchern einst Neubrandenburger»[28] geheißen haben. In des Komponisten Ahnenpass[29], der bis zu seinen Ururgroßeltern väterlicherseits (Johann Lehar, *1744 Brünnles) zurückreicht, ist sein Urgroßvater Georg Neibrandt (*um 1777) als ältester Zugewanderter vermerkt. Er starb 1849 in Komorn als «Obernotar», war also Akademiker. Von den Gogers nennt der Ahnenpass die Ururgroßeltern mütterlicherseits: Johann Koger und Julianna Zriny. Sie dürften in der Nähe von Sopron (Ödenburg) als Bauern gelebt haben.

Die zwanzigjährige Christine und der 31 Jahre alte mährische Musiker heiraten am 4. Mai 1869. In der ersten gemeinsamen Wohnung Nádorgasse (Gabor Steiner Gasse) kommt am Samstag, dem 30. April 1870, der Stammhalter zur Welt. Ihn tauft der römisch-katholische Feldkurat des IR 50 am 4. Mai, dem Hochzeitstag der Eltern, auf die Vornamen Franz Christian. Des zweiten Vornamens eingedenk praktizierte Lehár zeitlebens eine stille Frömmigkeit. Er öffnete auf Konzertreisen einen Altarkoffer zum Gebet des «Vater unser» auch in Hotelzimmern. Der Privatandacht widmete er sich wie seine Mutter. «Die Kirche besuchte sie selten.»[30] Christine ist «gracil, ein liebes, frisches Mädel, aber [...] keine auffallende Schönheit».[31] «In kindlicher Scheu überträgt sie ihre Liebe zum verstorbenen Vater auf den Gatten», den sie stets «Vater»[32] nennt. Er ist ihr «in Wesen und Gebärde, in seinem Äußeren, aber auch nach Charakter und Güte sehr ähnlich».[33] Sie kocht und wirtschaftet vorzüglich. Die Erziehung der Kinder ist ihr überlassen, weil der Vater, «durch seinen Beruf gezwungen, fast jeden Abend außer Haus»[34] zubringt und vormittags ausschläft.

Schon 1871 werden die Lehárs donauaufwärts in die Krönungsstadt Preßburg beordert. 1875 geht es nach Ödenburg, 1877 nach Klausenburg und 1879 nach Karlsburg. Von Station zu Station vergrößert sich die Familie. Drei Kinder sterben früh. Länger lebt die in Preßburg geborene Maria Anna (1875–94). Ein langes Leben ist nur Franz, Bruder Anton und dem «Nesthäkchen» Emilie Christine beschieden, die 1890, um zwanzig Jahre jünger als der Komponist, in Wien zur Welt kommt. Anton wurde 1876 in Sopron südwestlich des Neusiedler Sees geboren. Die Familie erwirbt ein Zwei-Zimmer-Reihenhaus, später ein Haus in Preßburg, eins in Wien III., Schützengasse 18, schließlich ein Grundstück mit Villa in Abbazia (Opatija).[35] Lehárs Gattin vermag mit dem Wirtschaftsgeld, das sie täglich in «Sackerln» verpackt, sparsam hauszuhalten. «Von ihren Vorfahren hatte sie die Sehnsucht nach eigenem Grund und Boden geerbt.»[36] Im Übrigen hilft die Schwiegermutter aus: Sie besitzt ein Haus in Budapest.

Seine Geburtsstadt Komárom lernt Franz mit elf Jahren bewusster kennen, als der Vater – nach dem Wechsel von den 50ern 1880/81 zum IR 33 in Budapest – 1881/82 zurückkehrt, die Kapellenleitung des IR 19 übernimmt und den «Delega-

Lehárs Geburtsstadt Komárom

tions-Marsch» nach österreichisch-ungarischen Motiven komponiert. *Ungarisch gesprochen und Ungarisch gelernt* habe Franz *zuerst in der Volksschule in Komorn, dann im Gymnasium in Budapest.*[37] Er muss aber schon in Ödenburg die Volksschule besucht haben, ehe sich 1880/81 an einem Budapester Gymnasium Probleme[38] ergaben. Die Eltern nehmen ihn in die Volksschule zurück, die er in Komorn, Sternberg und Prag besucht.

Das «Eigentliche» lernt er außerhalb der Schule. *In meinem Elternhaus wurde Tag und Nacht musiziert oder doch wenigstens von Musik gesprochen. Mein Vater hatte außer Musik keine andere Leidenschaft und keinerlei sonstige Interessen. Vom ersten Tag meines Lebens an galt es als selbstverständlich, daß ich den Beruf des Vaters ergreifen würde.*[39] Der Vater überwacht die ersten Versuche am Klavier und spart nicht mit Kritik. *Aufmunterung und Lob bot mir in den ersten Kinderjahren meine engelsgute Mutter. Sie konnte stundenlang zuhören, wenn ich am Klavier Kinderlieder spielte oder selbst solche improvisierte.*[40] In Ödenburg versucht die Mutter ihre Deutschkenntnisse durch lautes Vorlesen von Ge-

Lehárs Geburtsthaus. Foto aus späterer Zeit, mit Gedenktafel

Der fünfjährige Franz mit der Mutter in Preßburg, um 1875

dichten zu verbessern. *Eines derselben scheint meiner etwas sentimental angehauchten Mutter besonders gefallen zu haben. Es begann mit den Worten: Ich fühl's, daß ich tief innen kranke, und Trauer zieht in mein Gemüt ... [...] Ich fand zu den Worten eine Melodie [...]. Das war meine erste Komposition! Meine Mutter sang sie, während ich sie am Klavier begleitete.*[41] An dieser Melodie des Sechsjährigen sind bereits eigenständig: die slawisch anmutende Melancholie im Dur-Moll-Wechsel, das charakteristische «Hin und Her zwischen langgehaltenen und brillant vorüberhuschenden Tönen».[42] *Bald darauf, es war zu Weihnachten, schenkte mir mein Vater drei Klavierauszüge: «Lohengrin», «Faust», «Carmen».* Durch sie wurde *der Wunsch geweckt, selbst einmal für das Theater zu komponieren [...].*[43]

Der Vater führte den Achtjährigen in die Klausenburger Kathedrale. Dort dirigierte Franz Liszt, Präsident der Budapester Musikakademie. *Mein Vater huldigte dem großen Meister, in-*

dem er freiwillig als Geiger im Orchester mitwirkte. Ich durfte still in einer Ecke sitzen und zuhören.[44] Als Komponist war Vater Lehár seit 1866 durch Märsche aufgefallen, 1870 bei Haslinger (Wien) mit der Polka «Liebe und Wein» erstmals im Druck erschienen. Weitere Verleger: Hoffmann und Weiner (Prag), Carl Hofbauer und Vincenz Kratochwill (Wien), August Cranz (Hamburg), Carlo Schmidl & Co. (Triest).

Der Vater ahnt, dass sein Ältester zu Höherem geboren ist. Mit dem Wechsel zu deutschsprachigen Schulen in Sternberg und Prag reagiert der Vater auf Forderungen des Österreichischen Schulvereins, die deutsche Sprache zur Staatssprache[45] zu erheben. Ihm fehlt die Zeit zur sprachlichen Unterweisung, der ungarisch erzogenen Mutter die Erfahrung. So entschließen sie sich zur Radikalkur: ihren Erstgeborenen in jenem mährischen Sternberg ausbilden zu lassen, wo einst sein Vater im selben Alter in die Geheimnisse der Tonkunst eingeweiht worden war.

Stadtkapellmeister ist nun der Onkel Anton Lehar. Erstmals lernt Franz die mährisch-schlesische Heimat seiner väterlichen Vorfahren kennen, auch den Onkel Johann im nahen Deutsch-Liebau. Ersten geregelten Musikunterricht hatte Franz in Budapest bei Stefan Tomka, einem Lehrer des Nationalkonservatoriums, erfahren. Nun aber, bei Onkel Anton, entwickelt sich sein Geigen- und Orchesterspiel so trefflich, dass die Eltern eine Hochschulausbildung erwägen. Zur Aufnahme in Wien oder Budapest ist er zu jung. Aber das Prager Konservatorium lässt Jungbegabungen zu. Für Prag spricht ferner, dass Vater Lehár die Kapelle des neu eingerichteten IR 102 Potiorek organisieren soll. Die Neueinrichtung der Kapellen IR 80 bis IR 102[46] kommt vor allem Standorten in Böhmen und Mähren zugute. Nun verlegen die Lehárs ihr Operationsfeld endgültig nach Böhmen.

Am Prager Konservatorium hatte 1861 der kaum elfjährige Karl Komzák Sohn Aufnahme gefunden.[47] Der zwölfjährige Lehár darf dieses Ausnahmemodell wiederholen. Von Studienkosten ist er befreit. *Als ich 1882 meine Studien am Konservatorium in Prag begann, mußte ich noch einmal die Volksschule besuchen, um Deutsch zu lernen. Das Prager Konservatorium hatte damals ein großes Renommee. Als Hauptfach wählte ich Violine. Meine Lehrer waren der Direktor des Konservatoriums, Bennewitz, zu dessen Schülern auch Jan Kubelik und Ondřiček zählten. Musiktheorie studierte ich bei Professor Förster. Am Prager Konservatorium habe ich im ganzen sechs Jahre gelernt.*[48]

Als Jungstudent des Prager Konservatoriums

Der Böhme Anton Bennewitz (1833–1926), ein Schüler Moritz Mildners, hat neben Karl Komzák Sohn auch Otakar Ševčik und Oskar Nedbal (Polenblut) ausgebildet. Joseph Förster (1833–1907), Absolvent der Prager Organistenschule und Kirchenkomponist, lehrt am Konservatorium den «strengen Satz». Stundenlanges Üben und Hungern werden für Franz zur Routine. Das ihm von den Eltern Überwiesene lässt neben der Zimmermiete kaum das Notwendigste zu.

Doch 1884 wohnt Lehár, als der Vater mit dem IR 102 in Prag stationiert ist, wieder bei den Eltern, probt Geigenduette mit seinem jüngeren Bruder und setzt seine Kompositionsversuche fort. *Es waren Lieder, soweit ich mich erinnere, nach recht mittelmäßigen Texten, und eine Sonatine. Viel wird an den Sachen nicht gewesen sein. Aber der Drang zum Komponieren […] war mir viel wichtiger als mein eigentliches Fach, die Violine. Bestärkt wurde ich in diesem Bestreben noch durch Anton Dvořák, den berühmten tschechischen Symphoniker und späteren Direktor des Prager Konservatoriums. So oft er ein neues Quartett vollendet hatte, wurden ich und noch einige Konservatoriumsschüler eingeladen, es bei ihm zu spielen.*[49] Dvořák prüft Lehárs Kompositionen und rät ihm, sich *nur der Komposition [zu] widmen.*[50] Nun betrieb Lehár bei Zdeněk Fibich geheime Studien. *Schließlich kam der Direktor doch darauf, und ich wurde vor die Wahl gestellt, das Konservatorium zu verlassen oder die Privatstunden bei Fibich aufzugeben, wozu ich mich schweren Herzen entschließen mußte.*[51]

Das Herz des jungen Lehár schlägt für Wagner-Musik, die der Vater in Gartenkonzerten des Deutschen Hauses am Graben darbietet. Daneben spielt die Militärkapelle Sätze aus Schubert-Sinfonien, Märsche, Polkas, Walzer und die im Druck erschienenen Werke des Vaters: «La Fiumana», «Königin-Christine-Marsch» (der Königin von Spanien zugeeignet), «Catty-Marsch» (dem Regimentsinhaber der 102er gewidmet) und «Jubel-Festmarsch» op. 60.[52]

Zwei Jahre währt das Prager Familienglück, dann siedeln die Eltern mit Anton und Maria Anna nach Wien um. Franz bleibt noch zwei Jahre in Prag, um sein Studium zu beenden. Er hört Bedřich Smetanas «Verkaufte Braut» im 1883 eröffneten Nationaltheater. Im Deutschen Landestheater[53] waltet seit 1885 der Operndirektor Angelo Neumann, der mit den Dirigenten Gustav Mahler und Karl Muck Opern von Wolfgang Amadeus Mozart, Ludwig van Beethoven und Richard Wagner mustergültig inszeniert. Erneut fühlt sich Lehár zum Komponieren gedrängt und lässt sich vom Vater in Wien beraten. Diesen beeindrucken die Lieder und Klavierwerke des Sohnes, die *Idylle, Sonate D-Dur* und *Sonate d-moll*, das *Capriccio As-Dur*, die später edierten *Scherzo B-Dur* und *Sonatine all'antica*, deren Hauptthema bereits Debussy-Nähe verrät. Dieses Werk hat neben Dvořák in Prag auch Brahms in Wien eingesehen. *Damals, als ich siebzehn alt war, hat mich mein Vater zu Johannes Brahms geführt, und auch ihm habe ich meine Sonate vorgespielt. Auch Brahms äußerte sich sehr wohlwollend über mich […].*[54]

Als Lehár jun. am 12. Juli 1888 im großen Saal des Rudolfinums die «öffentliche Austritts-Prüfung» ablegt, sind seine Eltern unter den Zuhörern. Franz spielt, vom Orchester begleitet, das zweite Violinkonzert von Max Bruch, von dem die Prüfer jede Note kennen. Das Resultat ist im Diplom des 15. Juli, vom Präsidenten Ferdinand Graf Lobkowitz mitunterzeichnet, so festgehalten: «Herr Franz Lehár kann sonach als vorzüglicher Orchester- und Solo-Spieler empfohlen werden.»[55]

Mit achtzehn Jahren [...] bekam ich sofort eine Stelle als erster Violinist an den Vereinigten Stadttheatern in Elberfeld-Barmen.[56] Dessen erster Doppeldirektor Ernst Gettke kam vom Stadttheater Leipzig, an dem acht Jahre später Lehárs erste Oper *Kukuška* uraufgeführt werden sollte. Bereits acht Wochen nach der Prüfung spielt Lehár seinen ersten Opernpart in Beethovens «Fidelio» zur Einweihung des neu erbauten Elberfelder Theaters am Brausenwerth.[57] Im Orchester lernt er Spieler der «Langenbach'schen Kapelle» kennen, die auf Tourneen mit Johann Strauß mehrere von dessen Walzern[58] uraufgeführt hatten. Lehár erhält 150 Mark im Monat.

Obwohl ich diese Stelle nur ungern und nur aus materiellen Gründen antrat, hat mir dieses Jahr, in dessen Verlaufe ich zum Kon-

Im Orchester des Theaters am Elberfelder Brausenwerth erhielt Lehár sein erstes Engagement.

zertmeister aufrückte, sehr genützt. Ich lernte das Orchester kennen und bekam auch vom Theater, namentlich von der Oper, deutlichere Begriffe.[59] Namentlich die Einstudierungen der Wagner-Opern «Rheingold» und «Walküre» faszinierten ihn, ehe es zum Eklat kam. *Durch ein Telegramm meines Vaters wurde ich plötzlich nach Wien gerufen: er benötigte für seine Kapelle dringend einen Solisten. Gettke, der damals Direktor der Vereinigten Stadttheater war, weigerte sich, mich freizugeben, außer wenn ich einen genügenden Ersatz verschaffen könnte. Da dies nicht möglich war, bin ich einfach durchgegangen und kontraktbrüchig geworden. Aber die Verfolgung, die gegen mich eingeleitet wurde, mußte bald aufgegeben werden, da ich mittlerweile zum Militär assentiert worden war. Ich kam zur Kapelle meines Vaters, zum Infanterieregiment Nr. 50, Großherzog von Baden, das in Wien stationiert war.*[60] Der Vater reagierte wohl auch auf des Sohnes «sehr respektable erotische Leistung»[61] mit einer «blonden sechsundreißigjährigen Sängerin des Stadttheaters»[62]. Ihr soll das Lied *In stiller Nacht, hörst du nicht flüstern?* gewidmet sein.

Lehárs «Militär-Paß»[63] hält fest, dass er 1889 in Mährisch Schönberg als Corporal des IR 93 ausgerüstet wurde. Er ist 1,65 Meter groß, hat blaue Augen, blondes Haar, spricht und schreibt deutsch, ungarisch, böhmisch, ist heimatsberechtigt in Schönwald/Mähren, der Geburtsstadt seines Vaters. Dieser vertauscht in Wien die Kapellenleitung des IR 89 mit dem IR 50, dem er bereits 1863–80 gedient hatte. Der Sohn folgt ihm als Konzertmeister. Nun musizieren die Lehárs erstmals öffentlich zusammen.

Der Junior schätzt die Programmvielfalt, die *Hingabe* des Vaters und *sein volles Aufgehen im Musizieren an sich.* Er habe zur *alten Garde von Militärkapellmeistern [gezählt], die bewußt Musikkulturarbeit leisteten in einer Zeit, da gute Zivilorchester noch zu den Seltenheiten gehörten und die österreichischen Militärmusiker Weltruhm genossen.*[64] Die 50er konzertieren auf der Terrasse und im Saal des Kursalons am Stadtpark. Pultnachbar ist Leo Fall[65], durch den Lehár jun. Edmund Eysler kennen lernt. Lehár, Fall und Eysler befassen sich mit Liedern, Klavierwerken, Instrumentalmusik und Opern. In der Operette (Vaters «Zaubernase»[66] erlebt eine interne Aufführung) werden sie erst nach der Jahrhundertwende zu Konkurrenten. Auf einen Text von Eduard Merkt komponiert Lehár den Marsch *Rex Gambrinus Ex!*, ferner den Salonwalzer *Liebeszauber* (Cranz-Verlag), die *Sérénade Romantique* und die *Festhymne* zur Enthüllung des Franz-Grillparzer-Denkmals im Volksgarten. *In allen Konzerten, die mein Vater veranstaltete, namentlich im Kursalon, habe ich immer die Violinsoli mit großem Erfolge gespielt.*[67]

Dieser Erfolg überdauerte nicht die Saison. Das Haus in Belvedere-Nähe, Schützengasse 18, hatte kaum Raum für Vater, Mutter, Anton (13, er geht zur Kadettenschule), Maria Anna (14) und Franz (19). Als am 28. Januar 1890 Emilie Christine («Emmy») zur Welt kommt, ist im Haus die Ruhe dahin. *Ich ging auf die Suche und erhielt – über vierzig oder fünfzig Bewerber hinweg – den Posten eines Kapellmeisters beim 25. Infanterieregiment in Losoncz an der Eipel: Monatsgage sechzig Gulden plus siebzehn Gulden Quartiergeld! Zwanzig Jahre alt, hatte ich Vaters Rekord, mit 24 als der jüngste Musikdirektor der Armee eingestellt zu werden, um vier Jahre übertroffen!*[68] An anderer Stelle bekennt Lehár: *Mein Wunsch, selbständig zu werden, veranlaßte meinen Vater, mir die freigewordene Kapellmeisterstelle beim Infanterieregiment Nr. 25 [...] zu verschaffen.*[69] Das berühmte «Vitamin B» hatte bei der Besetzung der Nachfolgestelle von Karl Wetaschek den Ausschlag gegeben.

Am 11. Oktober 1890 bietet er im nordungarischen Losoncz (heute: Lučenec/Slowakei) mit der Kapelle des IR 25 sein erstes Konzert[70]: Opern- und Operetten-Ausschnitte nach Melodien von Friedrich von Flotow, Giuseppe Verdi, Richard Wagner, Carl Millöcker, C. M. Ziehrer, Arthur Sullivan – und den «Persischen Marsch» aus eigener Feder. Lehár ist voll im Einsatz: vormittags Orchesterproben, nachmittags Kammermusik und Einzelunterricht, abends Produktionen im Kasino, an Sonn- und Feiertagen Messen und Oratorienpartien in der Kirche. Der kleine Ort, von kaum 8000 (meist slowakischen) Menschen bewohnt, bietet wenig Ablenkung: *[...] gerade in dieser Zurückgezogenheit hatte ich viel Muße und Gelegenheit, mich als Orchestermusiker und Komponist zu entwickeln.*[71] Lehár komponiert auch «zivile»

Tanzstücke wie *Korallenlippen, Backfischchens erstes Herzklopfen,* die *Sylphiden-Gavotte,* den Walzer *Wiener Lebenslust* und die dem alternden Strauß nachempfundenen Konzertwalzer *Elfentanz* und *Liebeszauber.*

Zum Komponieren bleiben Lehár nur die Nachtstunden. Emotionaler Stimmungswechsel in Dur und Moll, ungarische Synkopen und wirksame Instrumentation zeichnen die Märsche *Lyuk lyuk lyuk induló, Vásárhelyi induló* und *Losonczi induló (Gruß an Losoncz)* aus. Formal reicher erscheinen der *Oberst-Baron-Fries-Marsch* und *Oberst-Pacor-Marsch.* In ungetrübtem Dur erklingen: *Kaiserhusaren-Marsch, Schneidig voran (25er Regimentsmarsch), Jetzt geht's los* und *Wiener Zugvögel-Marsch.* Unüberhörbar sind Parallelen zum populären Marsch-Typus Ziehrers, der für die «Bande» des IR 4 «Hoch- und Deutschmeister» komponiert ist.

Als eine von Schweinen bevölkerte «Zigeunerbaron»-Idylle[72] ist uns das entlegene Losoncz geschildert worden. Legenden ranken sich um die Themen Alkohol und Frauen. «Nur so, in erotischer Betäubtheit, ließ sich Losoncz ertragen.»[73] Lehár soll der Tochter seines Obersten Baron Fries Gesangsunterricht erteilen. *Meine Verlegenheit war nicht gering, als ich dem hübschen siebzehnjährigen Mädchen gegenüberstand, der Baronesse Vilma Fries.*[74] Für sie vertont er ein Gedicht von Emanuel Geibel. *Ach, wie oft probten wir zusammen dieses Lied: Vorüber! Ich fand wohl am Vortrag immer noch etwas auszusetzen, und sie sang es so lange, bis sie heiser war.*[75] Die Baronesse beglückt ihn mit sentimentalen Textergüssen, und Lehár vertont das *O schwöre nicht*[76] im Mazurka-Rhythmus, den Kehrreim *Du liebst mich* in entwaffnend schlichtem C-Dur. Aber das Lied *Aus längst vergang'ner Zeit*[77] pendelt zwischen d-moll und F-Dur, signalisiert den Abschied von der Frau. Lehárs Neue heißt Gräfin Rosa Crebian, die später den Violinvirtuosen Jenö Hubay geheiratet hat. Ihren Text *Möcht's jubelnd in die Welt verkünden*[78] komponiert Lehár wie ein burschikoses Salonlied, um die Fortsetzung *Alles, was an Sehnsucht* in Walzerüberschwang aufzulösen.

Kein Zweifel: der Operettenkomponist Lehár wurde in Losoncz geboren. Eine Analyse der über dreißig Losonczer Kompositionen gestattet uns Einblicke in die später so beeindruckende leháristische Melodien-Typologie, Koloristik und

Formen-Vielfalt. Franz im Glück: *Die Kapelle hatte kein sehr umfangreiches Repertoire und war daher durch Proben nicht stark in Anspruch genommen. Deshalb stand das Orchester ganz zu meiner Verfügung, ich konnte damit nach Herzenslust experimentieren.*[79] Mehrere dieser Lieder, Märsche, Tänze und Tonstücke finden über anerkannte Musikverleger den Weg nach Wien (Hofbauer), Leipzig (Röder) und Mailand (Ricordi).

Experimentiert wurde auch mit Opernprojekten. *Der Kürassier* blieb noch Fragment. Vollendet wurde dagegen *Rodrigo von Rudolf Młcock.* Lehár erinnerte sich später: *Der Herzog von Coburg-Gotha hatte einen Preis für eine einaktige Oper ausgeschrieben. Ein Oberleutnant vom Regiment schrieb mir einen Text «Rodrigo», eine sehr romantische Räubergeschichte. Auch die Musik war in romantischem Stile gehalten, und auf die Instrumentation hatte ich viel Sorgfalt verwendet. Aber den Preis haben wir doch nicht bekommen.*[80]

Den erhielt der Steiermärker Josef Forster für «Die Rose von Pontevedra», die ebenso vergessen ist wie Lehárs Oper. Vergessen wollte er auch seine amourösen Abenteuer – *Ich war mit zwanzig kein Feind von Frauen.* Er übernahm sich bei *Verpflichtungen, mit denen meine geringe Gage nicht in Einklang stand.*[81]

Durch einen etwas peinlichen Konflikt verlor ich plötzlich meine Stellung in Losoncz. Ich hatte mit meiner Kapelle im Offizierskasino konzertiert und wollte mich gegen Mitternacht zurückziehen. Da forderte mich ein Major auf, ein Geigensolo zu spielen, was ich mit Rücksicht auf die späte Stunde ablehnte. Im Regimentsrapport beim Oberst bleibt Lehár unbelehrbar: Er sei *kein Zigeuner, der auf Befehl spiele. Der Oberst drohte mir mit Kündigung, ich hatte aber schon selbst mein Entlassungsgesuch mitgebracht.*[82]

Mit diesem Obristen will Lehár nichts mehr zu tun haben. Dem *Oberst-Baron-Fries-Marsch* wird kurzerhand der Titel aberkannt. In Pola heißt er: *Auf hoher See.*[83] Aus drei Losonczer Skizzenbüchern[84], einem reichen Ertrag, wählt er sich eine schlichte Melodie in C-Dur aus und komponiert mit ihr das Klavierstück *Sorgenlose Wanderung.*[85]

Zwischen Marsch und Tanzoperette

Es war im Jahre 1894, als ich durch einen Brief meines väterlichen Freundes Komzák davon in Kenntnis gesetzt wurde, daß mir die Marinekapellmeisterstelle im schönen Pola verliehen wurde. Mit vierundzwanzig Jahren diese Stelle zu bekleiden war für mich verlockend. Einhundertzehn Mann zur Verfügung zu haben, darunter mehr als dreißig Musikmeister mit Feldwebelrang – was bedeutete das für mich als jungen Musiker! [86]

Pola (heute: Pula, Kroatien), im Süden der Halbinsel Istrien an der Adria gelegen, war seit 1850 der wichtigste österreichische Kriegshafen. Sehenswert waren dessen Anlagen [87] und die historischen Bauten der Stadt mit ihren 30000 Einwohnern. Am 6. April 1894 ist der deutsche Kaiser Wilhelm II. musikalisch zu begrüßen. Auf dem Programm stehen des Kaisers «Sang an Aegir», zwei Sätze aus Beethovens «Fünfter», Julius Goltermanns Cello-Konzert, die Vorspiele zu Engelbert Humperdincks «Hänsel und Gretel» und Antonio Smareglias

Österreichs wichtigster Kriegshafen Pola

«Cornelius Schut». Lehár empfängt «eine Allerhöchste Auszeichnung»[88].

Zur Eröffnung des Nord-Ostsee-Kanals reist er am 18. Juni 1895 mit 30 Elitemusikern nach Kiel. An Bord der «Maria Theresia» verlangt der Kommandant Erzherzog Karl Stephan nach ungarischer Musik. *Ich war damals ein flotter Geiger, übte fleißig und hatte mir speziell ungarische Violinsoli zurechtgelegt, die ich nun täglich zu spielen hatte, ob schön, ob Regen, ja selbst bei Sturmgebraus.*[89] Die Musiker erleben Gibraltar, ein Stiergefecht, eine Seefahrt mit fliegenden Fischen, Meeresleuchten, *Luftspiegelungen.* Und dann die Festlichkeiten in Kiel: *Kriegsschiffe aller Nationen waren da, und auf Kommando begannen die Salutschüsse, die in einem das Gefühl erweckten, die ganze Welt müsse untergehen. Nach zweimonatiger Reise kehrte ich reich an Erinnerungen nach Pola zurück und kam mir vor wie umgewandelt, wie ein anderer Mensch.*[90]

Ein solcher ist Lehár bei der Arbeit am Opernsujet *Kukuška.* Dessen Klavierparticell hatte er noch vor der Kieler Reise abgeschlossen. Daneben waren viele Bedarfsstücke zu komponieren: für den Exerzierplatz den *Avancement-* und *Saida-Marsch;* für den Tanzsaal und die Kasinos die Polkas *Herzensgruß* und *Vergißmeinnicht,* die Walzer *Jugend-Ideale, Palmkätzchen* und *Klänge aus Pola (La belle Polesane, Adria-Walzer).* Alles Melodische ist in mitsingbare Lage transponiert, durch Wiederholungen und Sequenzen eingängig, im Wechsel von Vier-, Zwei- und Eintakt-Motiven rhythmisch belebt. Da gibt es Konzertstücke für den Musikpavillon im Park: *Le réveil du soldat, Die Persische Wachtparade, Il Guado* (eine Symphonische Dichtung für Klavier und Orchester). Diese Werke sind gefragt, finden Verleger wie Ricordi (Mailand), Schmidl (Triest) und Röder (Leipzig). Bei Jungmann & Lerch in Wien erscheint der Liederzyklus *Waidmanns-Liebe.* Er ist dem preußischen Gesandten *Herrn Grafen Philipp zu Eulenburg gewidmet,* dem Pola-Besucher von 1894. Entsprechend weltmännisch wirkt das Komponierte, dem Geist Robert Schumanns verpflichtet, von Mazurka-Rhythmen belebt, durch zarte polyphone Linien und Echowirkungen verinnerlicht. Da gibt es Stellen des Verweilens, der *Zarewitsch-*Vorklänge und orchestralen Ausweitung.

Die an Heinrich Heine angelehnte Textvorlage stammt vom Polaer Korvettenkapitän Felix Falzari (1859–1912). Er hatte auch das Libretto zu *Kukuška* nach George Kennans Reisebericht «Durch Sibirien» (1891) gestaltet. *Die Kameraden waren natürlich gespannt, was wir beide vorhatten. Um ihre Neugier zu stillen, führten wir unsere KUKUŠKA vor. Der Textdichter las den Text vor, dann spielte das Orchester den musikalischen Teil; das war eine sehr ergötzliche Opernaufführung.*[91]

Lehár ist fasziniert vom Wolga-Kolorit, vom Wechsel dramaturgisch wirksamer Chöre mit den Solisten, von der Fischertochter Anuska, die der Soldat Alexis verteidigt, bis er vom Starosten nach Sibirien verbannt wird. Dort findet ihn Anuska. Die Liebenden werden vom Steppenfieber erfasst, unterm Schnee begraben.

Das ungarische und mährische Idiom waren dem Komponisten angeboren. In Pola ging es darum, das ihm unbekannte russische Kolorit für Hörer glaubhaft zu machen. Lehár kalkuliert Wirkungen im Kontrast der Stile: Ganztonskala, expressiver Gesang, Psalmodie und Glockengeläut.[92] Das Klavierparticell hatte er im Mai 1895 *voll jugendlichen Schwungs und voller Begeisterung [...] in einem Zuge geschrieben.*[93] Zur Partiturreinschrift braucht er mehr als ein Jahr. *Die Oper «Kukuschka» wurde von Hofrat Staegemann für das Leipziger Stadttheater angenommen. Ich gab daraufhin sofort meine Stellung als Marinekapellmeister auf [...]*[94]

Den Eltern schreibt er: *Ich tauge nicht zum Militärkapellmeister, ich habe zuviel Ehrgefühl dazu.*[95] Er will sein Glück als Komponist versuchen. *Eine Premiere in Leipzig! Denken Sie sich, ich komme als blutjunger Mensch in die Stadt, sehe alles bei den Proben beschäftigt und höre meine Musik, sehe das Werk leben, von dem ich bis dahin nur geträumt hatte.*[96] Die Uraufführung am 27. November 1896 leitet der Böhme Karl Panzner, es singen Paula Doenges (Anuska) und Richard Merkel (Alexis). Anton Lehár ist als Leutnant aus Kronstadt angereist und berichtet den Eltern: «Am kräftigsten schlug der letzte Akt ein, der Komponist wurde fünfmal hervorgejubelt. Ohne Zweifel, ein ansehnlicher Erfolg. [...] Das Lokalkolorit ist von überraschender Treffsicherheit, die Orchesterbehandlung bisweilen zwar überladen, meist aber üppig farbenprangend im Sinne der modernsten Technik.»[97] Diese Oper sei «eine stärkste Talentprobe. Er ist kein Compilator, sondern besitzt Schaffensgenie, denkt und fühlt heißblütig musikalisch».[98]

Lehár verbucht sieben Vorstellungen in Leipzig. «Nun ist Prag in Aussicht. Franz will einen Monat dort bleiben und alles selbst einstudieren.»[99] Da aber Verleger Hofbauer falliert, muss Franz bei den Eltern in Budapest Wohnung nehmen. Hier gründet der Vater die Kapelle des Bosnisch-herzegowinischen Regiments III («Radanovich-Marsch»), nachdem er bei den 50ern gekündigt hat. Er möchte «in Pension gehen. Er wartet nur, bis Franz ein sicheres Brot hat.»[100] Die Partitur der *Kukuška* hat der Vater gelobt; «ob aber der Franzi das Zeug hat, um seinen Erfolg auszunützen, ist eine andere Sache [...], jetzt muss erst der Geschäftsmann anfangen, und als solcher ist er der ungeschickteste Mensch, der mir je vorgekommen.»[101] Die Eltern werfen ihm leichtsinnigen Geldumgang und Arroganz vor («unser Leben ist ihm zu einfach»[102]). Sie verweisen ihn des Hauses.

Nun stand ich da, ohne Mittel, ohne Stellung, und mußte mich wieder entschließen, Militärkapellmeister zu werden, was mir natürlich jetzt viel bittrer war als früher.[103] Für die Kapelle des IR 87 komponiert er 1897 *Sangue Triestin* und den *Creta-Marsch*. Da ereilt ihn der Ruf nach Budapest, die Kapelle des schwer erkrankten Vaters zu übernehmen. *Noch auf dem Totenbett, als ich von Pola herbeigeeilt war, bat mich der Vater, ihm das Vorspiel aus der Kukuška vorzutragen. Es war ein ergreifender Augenblick [...].*[104] Am 7. Februar 1898 stirbt der Vater mit sechzig Jahren.

Dessen ganzes Leben war der österreichischen Militärmusik gewidmet. Aber die entsprechende Auszeichnung, das goldene Verdienstkreuz, geht der Familie erst nach der Beerdigung zu. Jetzt ist die Mutter bereit, ihren Ältesten im Kampf um «Geltung und Freiheit»[105] zu unterstützen. Sie stellt 1500 Gulden zur Übernahme des Opernmaterials von Hofbauer bereit. Als Eigenverleger vermag Lehár sein Werk in Königsberg (4 Aufführungen) und Budapest zu platzieren, wo Raoul Mader es an der Königlichen Oper ab 2. Mai 1899 fünfmal dirigiert.

Als Militärkapellmeister des IR 26 in Wien (1899–1902), links neben dem rechten Cellisten

Die Budapester Aufführung brachte dem Werke einen starken Erfolg, so daß ich sofort wieder meine Kapellmeisterstelle aufgab.[106] Schon fünf Tage später, nach der Premiere des *Kaiser-Jubiläums-Marsches* (zum 50. Jahrestag der Thronbesteigung Kaiser Franz Josephs I.), verabschiedet sich Lehár in Budapest von der Regimentskapelle, die sein Vater gegründet hat.

Ich begann, in Budapest nach einem Opernbuch zu suchen. Ich ließ mich in den Journalisten- und Schriftstellerverein «Otthon» einführen, aber niemand wollte für mich etwas schreiben.[107] Es herrscht Operettenflaute. Am 3. Juni ist Johann Strauß in Wien, am letzten Tag des Jahres 1899 Carl Millöcker in Baden gestorben. Selbst das Strauß-Pasticcio «Wiener Blut» gerät am Carl-

Theater zum Misserfolg. Direktor Franz von Jauner erschießt sich. *In dieser ziemlich prekären Situation blieb mir nichts übrig, als wieder Militärkapellmeister zu werden. Diesmal, das war im Jahre 1900, hatte ich das Glück, nach Wien zu kommen, zum Infanterieregiment Nr. 26. Ich hatte ein sehr gutes Orchester und habe mir in diesen zwei Jahren in Wien als Kapellmeister einen guten Namen gemacht.*[108]

Zu organisieren sind: «Ausrückungen, Burgwachen, Hoffestlichkeiten, Bälle, Konzerte, Eisfeste, Kondukte ...».[109] Das Wiener Publikum war «immer nach Neuem begierig, und das Neue wie das Alte musste Qualität haben».[110] Lehár vertont Zeitungsmeldungen: zur Niederschlagung des Boxer-Aufstands den *Kriegslieder-Marsch Auf nach China*, in dem die acht Verbündeten «zitiert» sind. Richtig populär wird Lehár mit einem Marsch vom Jahre 1894: *Jetzt geht's los (Ora lo scoppio).* Auch die Märsche *Wiener Humor* und *Nachtlichter*, in dem die Kaiserhymne unter dem Ruf «Bier her!» ins musikalische Torkeln gerät, finden Anklang. Wenn Lehár mit dem Orchester der 26er im Stadtpark spielt, begrüßt er die *Stadtpark-Schönheiten* mit dem Walzer *Mädchenträume*, alle Angelikas mit dem *Angelika-Walzer*. Das sind moderne Walzer mit raumgreifenden Melodien und anrührenden Motiven, die Lehár in seinen Operetten weiterverwenden wird. So ist die zwischen Bängnis und Überschwang schaukelnde Nummer 2b der *Mädchenträume* (1902) neun Jahre später in *Eva* zum Operetten-Leitmotiv erhoben: *Wär' es auch nichts als ein Augenblick.*

Die Walzerzyklen der Jahre 1900 bis 1902 erreichen ein Niveau, das an Meisterwalzer von Johann und Josef Strauß heranreicht. Nach Max Schönherr[111] ist der «Lehár-Walzer» ein eigener Typus: «Vorherrschen der LEGATO-MODELLE, weitgehendste Anpassung an Puccinische [...], gelegentlich auch Richard Strauss'-sche Harmonik [...], durchflochten mit dem Zauber östlich-slawischer Mollakkorde und in brillanter Instrumentation [...]».[112] Lehár sei der letzte Repräsentant des großformatigen «Wiener Walzers».

Seinerzeit praktizierte Lehár den künstlerischen Austausch[113] mit dem Kollegen Ziehrer, einem der Hauptdirigenten der «Concordia»-Bälle[114] des seit 1859 bestehenden Journalisten- und Schriftsteller-Vereins. Am 5. Februar 1901 übernimmt Lehár diese «Bastion» und erzielt im Sophiensaal mit dem *Concordia-Walzer* und dem temperamentvollen *Paulinen-Walzer*[115] Sonderbeifall. Die Widmungsträgerin Fürstin Pauline Metternich-Sándor erteilt Lehár den Auftrag zur Redoute 1902, zu der auch die Kapelle von Johann Strauß / Enkel[116], Sohn des Eduard Strauß, antritt. Dem Ball-Motto *Gold und Silber* folgt der Eröffnungswalzer, den Lehár mit den 26ern am 27. Januar 1902 im Sophiensaal uraufführt. Mit ihm gelang Lehár ein bis heute anhaltender Welterfolg, der dem Komponisten 50 *Gulden*[117], dem Verlag Julius Chmel aber ein Vermögen eingebracht hat. Als nur wenige Wochen nach diesem Ballerfolg *das Regiment nach Gyŏr (Raab) versetzt wurde, ging ich nicht mit und blieb lieber ohne Stellung in Wien, und das war für meine Zukunft entscheidend.*[118]

Der bunte Rock des Militärkapellmeisters wird endgültig abgelegt. Die Vertragsaufkündigungen in Elberfeld, Losoncz, Pola, Triest-Pola, Budapest und Wien erfolgten jeweils im Glauben, als freier Komponist wirken zu können. Fünfmal musste er zu-

Franz Lehár junior hatte mit geringen Unterbrechungen fast dreizehn Jahre der Doppelmonarchie gedient – zuerst als Musik-Feldwebel beim IR 93 in Mährisch Schönberg, dann unter Vaters Leitung beim IR 50 zu Wien, danach als jüngster Kapellmeister Österreichs beim IR 25 in Losoncz, als k. u. k. Marinekapellmeister in Pola, beim IR 87 in Triest und Pola, beim Bosnisch-herzegowinischen IR 3 in Budapest, zuletzt in Wien beim IR 26.

Erstdruck des Klavierauszugs 1902 mit der Hauptmelodie auf dem Titelblatt

rückstecken. Erst der sechste Anlauf gelang. Nun hat der «Familienrat» zu entscheiden. Franz steht im März 1902 im 32., die reiche Großmutter Goger im 92. Lebensjahr. Diese stimmt zu, dass die Mutter «nach Wien übersiedeln darf. Ich will mit Franz sein, damit er eine ordentliche Wirtschaft hat. Er soll dann bald schuldenfrei sein.»[119] *Ich war nun darauf angewiesen, mich ausschließlich als Komponist zu betätigen.*[120]

Am Ende des 19. Jahrhunderts gilt die Operette als überlebt. 1899 sind Strauß und Millöcker gestorben, zuvor Carl Zeller, Richard Genée, Suppè und Offenbach. Noch leben Ziehrer, Richard Heuberger, Charles Weinberger, Joseph Hellmesberger. Die Erfolge[121] von Offenbach, Suppè und Strauß, mit Millöckers «Bettelstudent» (1882), dem «Zigeunerbaron» von Strauß (1885) und Zellers «Vogelhändler» (1891) ließen sich nicht wiederholen. Als Letzte entgingen Heubergers «Opernball» (1898), Ziehrers «Landstreicher» und das Strauß-Pasticcio «Wiener Blut» (beide 1899) dem «Operettenfriedhof»[122] der Epigonen. Nostalgisch vermarktet Gabor Steiner in der Praterstadt «Venedig in Wien»[123] die Melodien «alter Meister». Doch der Tageserfolg der «Frühlingsluft» von Josef Strauß/Ernst Reiterer (1903) bestätigt das Ende der klassischen Operette in Wien.

Von Importwerken interessieren Rudolf Dellingers «Don Cesar» (1885 Hamburg), Sullivans «The Mikado» und Sidney Jones' «The Geisha» (1885 und 1896 London) sowie «Die Puppe» von Edmond Audran (1896 Paris). Bühnen in Hamburg, London und Paris konkurrieren nun mit dem Theater an der Wien. Eigentümerin dieser Weltbühne war seit 1884 die Schauspielerin Alexandrine von Schönerer[124], die das Theater am 17. März 1900 dem Strauß-Schwager Josef Simon und zwei weiteren Financiers verkauft. Den ersten Pächter zwingt das streikende Orchester[125] zur Aufgabe; die Bühne bleibt fünf Monate unbespielt. Frau Schönerers kommerzieller Leiter, Andreas Amann, verbindet sich am Carl-Theater mit Geschäftsführer Leopold Müller. Sie nehmen die Wiener Komponisten Charles Weinberger, C.M. Ziehrer, Heinrich Reinhardt und Richard Heuberger unter Vertrag. Solch vermehrte Konkurrenz kam auch Lehár zugute.

Am Theater an der Wien ist die Wiedergeburt der Operette dem ungarischen Schriftsteller und Regisseur Wilhelm Karczag (1859–1923)[126] zu danken. Selbst kein Theatermann, engagiert er den Schönerer-Stellvertreter Georg Lang, den Mitdirektor Emil Steininger, ab 1902 den Schauspieler und Regisseur Karl Wallner. Zunächst gastieren Ensembles, bis Karczag und Frau, die Operettendiva Julie Kopácsi-Karczag, am 16. Februar 1902 «ihren» Mann entdecken. Der dirigiert im Theater[127], aus Anlass der goldenen Hochzeit des Erzherzogspaares Rainer und Marie, die Kapelle des IR 26. Karczag verpflichtet Franz Lehár jun. als Dirigent und Komponist von Vertragsoperetten für die neu engagierten Kräfte. Dazu gehören Lina Abarbanell und der zurückgekehrte Star Alexander Girardi.[128]

Am 11. Oktober wird der Reigen neuer «Girardi-Operet-

Das Theater an der Wien: links vom hohen Gebäude der Haupteingang, rechts davon das Papageno-Tor

ten» mit Ziehrers «Fremdenführer»[129] eröffnet. Nur vierzig Tage später erhält Lehár seine Chance. *Ich bin sozusagen ganz ahnungslos und blindlings in die Wiener Operette hineingeraten, ohne eine nähere Kenntnis des Genres zu haben. [...] Ich schrieb an einer Girardioperette, den «Wiener Frauen», ohne Girardi vorher gekannt zu haben. Diese Unkenntnis war aber für mich von großem Vorteil, denn dadurch war es mir möglich, mir einen eigenen Operettenstil zu bilden.*[130] Das Buch zur Operette *Klavierstimmer* schreibt ihm Emil Norini, dem *Ritter Tonreich* (alias Lehár) aus der Künstlervereinigung «Schlaraffia» bekannt. Da Girardi der Text missfällt, wird im Juni Ottokar Tann-Bergler, Redakteur des «Neuen Wiener Journals», zur Umgestaltung herangezogen. Inzwischen dirigiert Lehár im Prater-Pavillon ein Riesenorchester von 120 Spielern, das auch Richard Strauss und Oskar Nedbal leiten. Auf dem Programm: *Gold und Silber*, die *Russischen Bauerntänze* aus *Kukuška* und Werke der Strauß-Söhne. Da locken Aufträge, wie sie Direktor Gabor Steiner an Ziehrer, Louis Roth, Leo Fall und Victor Holländer[131] erteilt hat.

Karczag bindet Lehár am 15. Juni 1902 mit einem Fünfjahresvertrag ans Theater und stellt ihn vom Dirigieren frei. Der

Rastelbinder darf am Carl-Theater uraufgeführt werden, aber erst nach der *Klavierstimmer*-Premiere. *Liebste Mutter! Das ist die denkbar beste Lösung. Laut Vertrag bekomme ich jederzeit Vorschuß auf die Tantiemen. Contracte sind mit mehreren Deutschen Bühnen schon abgeschlossen. Jetzt, liebe Mutter, bin ich glücklich und frei! Nun kommt die Talentprobe. Die muß ich bestehen. Gelingt sie, ist meine ganze Zukunft gesichert.*[132]

1900 hatte er sich an *den damals erfolgreichsten Wiener Librettisten* gewandt. Endlich reagierte dieser Victor Léon: *er habe meinen Marsch «Jetzt geht's los» gehört, der ihm viel mehr für meine Eignung zum Operettenkomponisten zu sprechen scheine als «Kukuschka». Er gab mir das Vorspiel zum «Rastelbinder», und dies ist eigentlich meine erste Operette.*[133] *Vom Frühjahr 1902 bis zum Herbst, in einem halben Jahre, arbeitete ich also gleichzeitig an meinen beiden Operetten […].*[134] Dies geschah in der Beschaulichkeit von Bad Hals nördlich Passau und in Ischl.

Die Premiere der *Wiener Frauen* vom 21. November 1902 *war mein erster Erfolg, hauptsächlich ein künstlerischer, da die Operette durch ihren spezifisch wienerischen Charakter nicht weit dringen konnte und auch in Wien, trotz der Meisterleistung Girardis und des durch ihn populär gewordenen Nechledilmarsches, nicht viel über fünfzigmal gegeben wurde.*[135] Die *Wiener Frauen* waren als «Girardi-Operette»[136], wie Millöckers «Armer Jonathan» und Ziehrers «Fremdenführer», ohne den Star fast wirkungslos. Das Libretto ist vergessen, doch die *Ouvertüre* und der mitreißende *Nechledil-Marsch* blieben unvergessen. Lehár befand, *daß die einige Wochen später erfolgte Premiere des «Rastelbinders» und dessen große Wirkung den «Wiener Frauen» geschadet haben. Während man im Theater an der Wien die fünfundzwanzigste Aufführung der «Wiener Frauen» feierte, war im Carltheater Premiere des «Rastelbinders». Das war mein erster großer Erfolg. Die Operette wurde in Wien über zweihundertmal en suite gegeben und ging durch ganz Österreich-Ungarn und Deutschland […].*[137]

Lehárs Darlegung ist in Otto Kellers Statistik[138] bestätigt. Die *Wiener Frauen* erlebten an deutschsprachigen Bühnen in den Jahren 1900 bis 1921 nur 143 Aufführungen. Doch der *Rastelbinder* übertraf mit 2742 Nachweisen Reinhardts «Süßes

Mädel» (2407), Heubergers «Opernball» (1877), Eyslers «Bruder Straubinger» (1819), Ziehrers «Landstreicher» (1618), Emmerich Kálmáns «Herbstmanöver» (1590). Den *Rastelbinder* «haben 1917 im Lager von Isle of Man und in Sibirien Gefangene nach dem Klavierauszug aufgeführt».[139] Selbst die NS-Machthaber ließen ihn gelten, die Rolle des weisen Juden Bär Pfefferkorn in einen «Komiker»[140] verwandelnd.

Der slowakische Volksbrauch der Kinderverlobung bindet die Kesselflickertochter Suza (Mizzi Günther) an den zwölfjährigen Waisenknaben Janku (Wilhelm Bauer). Dieser zieht mit einem Gulden Wegzehrung des jüdischen Zwiebelhändlers Pfefferkorn (Louis Treumann) zur Lehre nach Wien. Janku und Suza entfremden sich. Vor einer Wiener Husarenkaserne löst der weise Pfefferkorn die Kinderverlobung: Janku darf die Spenglermeistertochter Mizzi (Therese Biedermann) heiraten und Suza den Großbauernsohn Milosch (Karl Streitmann).

Die Premiere des *Rastelbinder* dirigiert Alexander von Zemlinsky, Victor Léon führt Regie. Es gibt im Carl-Theater Beifall auf offener Bühne. Lehárs Musik rührt durch volkstümliche Wendungen und Polkaweisen, humorvolle Märsche und Tän-

Das Carl-Theater in Wien, Uraufführungsstätte von «Der Rastelbinder» (1902), «Der Göttergatte» (1904) und «Zigeunerliebe» (1910)

ze, mit dem Liebesduett *Wenn zwei sich lieben* (Suza / Milosch) und dem Kontrast von wienerischem und slowakischem Kolorit. Während Pfefferkorns Lied *Das is a einfache Rechnung* dem Nestroy-Couplet ähnelt, ist im Auftrittslied der Urlaut aller Bühnen- und Filmmusiken nach jüdischen Sujets komponiert: Von hier führt ein direkter Weg zu Jerry Bocks «Fiddler on the Roof» (1964).

Die Wiener Presse fand die jüdischen Teile unmöglich, das Libretto geschmacklos, die Musik «liebenswürdig und stimmungsvoll zurechtgemacht» bis «nichtssagend und trivial»[141]. Nicht ahnend, dass er bereits «durch diese Operette einen Platz unter den bedeutendsten Operettenkomponisten errungen»[142] hat, verkauft Lehár dem Verlag Josef Weinberger die Nutzungsrechte (ohne Bühnenaufführungsrechte) für zweitausend Kronen. *Später sollte ich erfahren, ein wie schlechtes Geschäft ich und ein wie gutes Weinberger gemacht hatte. Die Stimmung schlug nämlich um, «Der Rastelbinder» erlebte viele Aufführungen, und Weinberger hat an den Musikalien mindestens hundertsechszigtausend Kronen verdient […]. Auch die Musik zu «Wiener Frauen» habe ich um zweitausend Kronen verkauft, und zwar an Berté, der ebenfalls kein schlechtes Geschäft gemacht hat, denn der «Nechledil-Marsch» allein hat ihm mehr als fünfzigtausend Kronen eingetragen. Aber ich war ein Anfänger, war glücklich, daß ich Erfolg hatte, und – ich brauchte Geld.*[143]

Er wollte die hübsche Ferry Weißenberger[144] heiraten, Tochter des Kasino-Gastronomen der Heumarktkaserne. Als «26er» lernte er sie kennen – er wohnte gleich um die Ecke in der Marokkanergasse 20. Sie ist dreiundzwanzig, er zehn Jahre älter. Doch Vater Ferdinand Weißenberger und Tante Anna Sacher hatten andere Pläne. Als Frau des Theaterunternehmers Hans Trummer aus Ingolstadt wird Ferry schon 1911 Witwe sein, aber nicht mehr nach Wien zurückkehren. F & F, Ferry und Franz, werden sich nicht wieder sehen, aber bis ans Lebensende in brieflichem Kontakt bleiben. Zwei FF-Töne stützen Lehárs letzten großen Schlager *Schönste der Frau'n […], die Liebe in mir wird nie mehr blüh'n!*[145] Dreißig Jahre nach der Trennung von Ferry hat Lehár diesen ergreifenden Abgesang an ein

Liebesmärchen in *Giuditta*[146] komponiert. Der Rausch des kurzen Glücks und der Hader mit dem Schicksal, das die Liebenden trennt: dies ist der immer wieder komponierte Konflikt von Lehárs großen Liebesszenen.

Der erste internationale Operettenerfolg Lehárs geht von Hamburg aus. Eduard Steinberger (Carl-Theater) singt im Carl-Schultze-Theater[147] von St. Pauli den Pfefferkorn, Alexander Stefanides dirigiert. Vom 3. Oktober 1903 an gibt es über siebzig volle Häuser. Seit dieser Zeit bleibt Lehár der beliebteste Komponist an Hamburgs Reeperbahn-Theatern. Auch in Berlin steht der *Rastelbinder* auf dem Programm. In Wien feiert er seine 200. Aufführung. *Dann ließ der Erfolg wieder ein paar Jahre auf sich warten. Der «Göttergatte» […] und die «Juxheirat» (1904) hatten nicht viel Glück. In diesen Werken habe ich meinen eigentlichen Stil noch gesucht, den ich dann in der «Lustigen Witwe» gefunden habe.*[148]

Eine Offenbachiade hatten Victor Léon[149] & Leo Stein[150] im Sinn: eine Operette über die Operette. Der Wortverständlichkeit willen zügelt Lehár sein melodisches Temperament. Nur Amphitryons Valse lento *Was ich längst erträumte* bleibt haften und erfüllt Lehárs «Mutter mit Tränen»[151]. Sie führt den Haushalt in der Wohnung Schleifmühlgasse 1a, gegenüber dem Wien-Theater. Hier ist im Mai das Klavierparticell[152] begonnen, zum Jahreswechsel in sechs Wochen die Partitur[153] mit Bleistift notiert worden. Die Umgestaltung zur *Idealen Gattin* (1913) hat dem *Göttergatten* später mehr Glück gebracht. Die Urform wollten nur wenige Bühnen in Köln, Hamburg und Pest nachspielen, obwohl Lehár, der die Premiere am 20. Januar 1904 leitete, sich vom Publikum gefeiert, von den Kritikern umschmeichelt fühlte.

Nach kaum 50 Aufführungen des *Göttergatten* wirft Lehár dem Carl-Theater vor, eine Chance verspielt zu haben. Er trennt sich von dieser Bühne und wird ein williges Opfer des «Wiener-Extrablatt»-Kritikers Julius Bauer, eines witzelnden Librettisten aus Ungarn. Viele seiner Bücher, mit Hugo Wittmann für Strauß, Millöcker und Weinberger geschrieben, erzielten nicht einmal zehn Aufführungen. Bauers Idee: Die verwitwete amerikanische Milliardärstochter heiratet eine als Mann verkleidete Frau, die dann doch ein Mann ist. Statt moderne amerikanische Tänze einzufügen, verpolkt Lehár Emanzen-Getue: *Los vom Mann!*[154] Dem «Chauffeur» Girardi lag einzig das Couplet *Ging ein Knab im Mondenschein.* Das reichte allenfalls für 39 Aufführungen der *Juxheirat*[155] bis Januar 1905. Lehárs «wachsende Weltläufigkeit»[156] distanziert sich vom Bauerschen «Schund»[157], vom Wiener Dulliäh der Ziehrer'schen Lokal- und Heimatoperette. Die «drängendere Erotik»[158] zielt auf ein mobileres Publikum – eine Tendenz, die Ludwig Karpath erstmals an Reinhardts «Süßem Mädel» am 25. Oktober 1901 im Carl-Theater beobachtet hatte: «Ein gelungener Einfall war es, Alles auf den Tanzrhythmus zu stellen [...].»[159] «An die Stelle der Melodie trat der Rhythmus. An die Stelle des Klangreizes trat die Tanzemotion. Reinhardt war der Prophet der Tanzoperette gewesen. Lehár wurde ihr Erfüller.»[160]

Mit seinen tanzenden Darstellern nähert sich Lehár «bedenklich dem Varietégenre»[161], vergrault er Girardi, den erbitterten Gegner von «gehupften Seelendramen»[162]. Ende März 1905 schließt sich Girardi dem Carl-Theater an: Von dort verabschieden sich Günther und Treumann. «Tanzen, wie kaum ein zweiter» konnte der «unwiderstehliche Kavalier»[163] Louis Treumann. Und «die brillanteste, geistreichste, temperamentvollste Repräsentantin damenhafter Haltung», die «Marie Geistinger der zweiten klassischen Epoche der Operette»[164] war Mizzi Günther. Mit beiden wird Lehár, am Theater an der Wien, «die ersehnte moderne Operette»[165] verwirklichen.

«Es waren zwei Königskinder»

Mit seinen nächsten Projekten reagiert Lehár auf den gesellschaftlichen Wandel. Nun bestimmt die breite Masse der Wiener Kleinbürger das «Geschäftstheater», das vom «Lachtheater» Offenbachs kaum mehr wissen will. Das «Junge Wien»[166] verlangt nach Offenheit, nach modernen Formen des Zusammenlebens. Die alten Bande sind gelockert, seit in Ungarn (1895) die Scheidung der staatlichen Zivilehe zugelassen ist. Damit drängen ungarische Sujets und Musik in den Vordergrund: Das «Zigeunerbaron»-Idyll der freien Liebe findet begeisternde Aufnahme. «Die Pervertierung der überkommenen moralischen Schranken für einen Abend, zumindest auf der Bühne»[167] zu erleben: derlei Sensationen soll die neue Operette bieten.

Anstelle einer ethischen hat die Operette eine ethnische Mission übernommen: für die nach Wien einströmenden Kleinbürger Szenarien der Wunschtraumerfüllung auf die Bühne zu stellen. Da viele «kakanische» Zuwanderer Probleme mit der deutschen Sprache haben, dominieren Musik und Pantomime. An Textgrundlagen werden keine hohen Ansprüche gestellt. Die Komponisten erproben Mittel der Emotion und des erotischen Tanzes – Mittel, die den Klassikern der Operette fremd waren.

Wer schrieb das geeignete Libretto? *Zu dem Buch der «Lustigen Witwe» bin ich eigentlich durch Zufall gekommen. Es war ursprünglich für einen anderen Wiener Komponisten bestimmt gewesen, dem es aber der Librettist Victor Léon weggenommen hatte. Ich war von dem Buch sofort entzückt und arbeitete sechs Monate an der Operette.*[168] Die Göttergatten-Librettisten Léon & Stein hatten, wie eine Generation vor ihnen die «Firma» Richard Genée & Friedrich Zell, französische Vorlagen verwertet. Die Komödie «L'Attaché d'ambassade» des Offenbach-Librettisten Henri Meilhac war, 1861 in Paris aufgeführt, ein Jahr später am Wiener Carl-Theater erfolgreich.

Um die Millionen einer erbbeglückten Witwe bemühen sich die Diplomaten eines deutschen Kleinstaates. Dieses Jagdmotiv weisen Léon und Stein den bunt kostümierten Pariser Diplomaten des Balkanstaats Pontevedro (= Montenegro) zu.

Jacques Offenbach und Johann Strauß begrüßen aus dem Olymp ihren Nachfolger.

Das kam den folkloristischen Neigungen des einstigen «Tornisterkindes»[169] entgegen. Lehár las das Buch *noch in der Nacht, und zeitig früh lief ich zu [Léon] mit der Bitte, es mir zu überlassen. Bereits am Abend rief ich ihn zum Telefon, legte den Hörer auf das Klavier und spielte ihm den eben fertig gewordenen «Dummen Reitersmann» vor. Bald folgten die nächsten Nummern, und Léon war gewonnen.*[170] Anfang 1905 ist der Vertrag unterzeichnet. Am 10. Februar dirigiert Robert Stolz im Brünner Stadttheater die *Tatjana*, eine *Kukuška*-Neutextierung durch Max Kalbeck. Exakt ein Jahr später erscheint *Tatjana* an der Volksoper Wien. Lehár glaubt an einen Erfolg, doch die Kritik hält ihm «Stillosigkeit»[171] vor. *Eine große Wiener Zeitung sprach sogar von Kapellmeistermusik. […] Da von diesem Kind meiner Muse niemand etwas wissen wollte, beschloß ich, es zu vergessen.*[172]

Inzwischen ist die Arbeit an der *Witwe* weitergegangen. Mutter Lehár beschreibt die Handlung so: «Eine unendlich reiche Witwe aus Rumänien lebt lustig in Paris. Sie wird von Bewerbern umschwärmt. Da aber ihr großer Reichtum in Rumänien liegt, wird ein Rumäne gewählt, der die junge Witwe heiraten soll, damit das Vermögen dem Vaterland erhalten bleibt. Wie der Treumann nach Paris kommt, der Chor der Bewerber, viele sehr komische Szenen. Für alle Kräfte sehr dankbare Rollen. Das Textbuch ist schon fertig, sodass Franz ruhig arbeiten kann.»[173] Von der Mutter bewirtet und abgeschirmt, skizziert Lehár «zum zugkräftigsten Textbuch, das er je vertont hat»[174], alle tragenden Melodien. Am 4. Juni 1905 notiert er *Da geh ich zu Maxim*, einen Tag später *Ich bin eine anständ'ge Frau*, Mitte Juni das Finale II. Er springt hin und her, ändert am *Weiber-Septett*, erwägt Formdetails.

Das Skizzierte spielt Lehár in Bad Ischl am Klavier vor. Léons Kommentar folgt am 21. Juli aus dem nahen Unterach: «Mir fehlt die starke und eigenartige Musik, das absolut Zwingende. [...] Ich suche aber etwas Besonderes, das musikalisch Zwingende, bei dem irgendeine Originalität hervorleuchtet.»[175] Lehár füllt das Skizzenbuch[176] mit neuen Einfällen (einige wird er später im *Fürstenkind* und in der *Zigeunerliebe* verwenden): mit dem «Schlager» *Lippen schweigen* Anfang August, dem Cancan *Das hat Raß'* Ende August. Sechs Monate hat er an der Operette gearbeitet. *Als ich sie aber dann in meiner Wohnung den Direktoren Karczag und Wallner vorspielte, wurde sie sehr kühl aufgenommen. Die Librettisten verschwanden wortlos, und Direktor Wallner erklärte mir unumwunden: «Lieber Lehár, du hast uns sehr enttäuscht. Das ist keine Operettenmusik, eher Vaudevillenmusik.» Auch der später so berühmt gewordene Walzer [...] war ursprünglich nur die melodramatische Begleitung für eine Prosaszene, und auf der Suche nach einem «Schlager» habe ich ihn zu einer Walzerszene ausgearbeitet.*[177]

Unverdrossen skizziert Lehár weiter: am 30. September eine *Ouvertüre* (die gestrichen wurde), das *Vilja-Lied*, das *Grisetten-Lied* und den *Ballsirenen-Walzer*. Léon fängt Feuer, verbessert holprige Stellen. Auch die Direktoren drängen: In zwei Monaten sei die *Lustige Witwe* fertig zu stellen. Am Weihnachtstag schließt Lehár die Partitur[178] ab.

Obwohl nur wenig Zeit verbleibt, sind alle Mitwirkenden um Günther (Hanna Glawari) und Treumann (Graf Danilo) mit Begeisterung dabei. Was nun folgt, der Kampf um Probenzeiten, Bühnenausstattung, Prognosen und Fehleinschätzungen, ist reichlich dokumentiert[179] und anekdotisch verbrämt worden. Die Skepsis der Direktoren war berechtigt. Keine der damaligen Novitäten hatte ein nachhaltiges Echo gefunden. Reinhardts «Generalkonsul» schied Ende 1904 mit der 80. Aufführung aus. Heinrich Bertés «Millionenbraut» (29) und Maders «Garnisonsmädel» (55) quälten sich über die Runden. Nach zehn Aufführungen war mit Jenö Huszkas «Prinz Bob» die Septemberpremiere passé. Hoffnungsvoller gelang die Oktoberpremiere mit Leo Aschers «Vergeltsgott» (69). Doch die Novemberpremiere, «Der Rebell», geriet zum «größten Durchfall der neueren Wiener Theatergeschichte»[180]. Den Walzer «Und der Himmel hängt voller Geigen» sangen Günther und Treumann nur fünfmal, dann zog Leo Fall das Werk zurück.

Wegen dieser Pleite *mußte die «Lustige Witwe» mit wenigen Proben rasch herausgebracht werden. Der Eindruck bei der Premiere [...] war keineswegs der eines großen Erfolgs. Wir rechneten damals mit vierzig bis fünfzig Aufführungen. Auch die Wiener Blätter behandelten die Operette sehr flüchtig, ohne auf die Musik näher einzugehen.*[181] Für die Legendenbildung war eine derartige Behauptung förderlich; sie widersprach aber dem realen Presse-Echo: «Endlich eine Operette, wie sie sein soll, [...] dazu eine geistreiche, entzückende Musik [...], die in kürzester Zeit in ganz Wien populär sein wird.»[182] Alle Beteiligten begriffen, was da am 30. Dezember 1905 geschehen war: «ein Ereignis; die Revolution von drei Theaterstunden, in deren Verlauf alle bisher thronenden Größen der zeitgenössischen Operette mit einem Schlage gestürzt werden. Der neue Typ des Genres ist geboren.»[183]

Abgelegt sind die Märchenszenen vom Prinzen und dem «süßen Mädel», die sentimentalen Gesänge um Wien und Wein. «Die Gestalt der lustigen Witwe war wirklichkeitsnah, die Motive des Werkes sind fasslich, sein dramatischer Aufbau logisch.»[184] Das ewige Thema «Mann und Frau» wird im Tanz moduliert und gesteigert. Der Musik ist in der zehnten und vorletzten Szene das Unaussprechliche anvertraut: *Lippen schweigen, 's flüstern Geigen: Hab' mich lieb!*[185] Jener berühmt gewordene Walzer ist von Lehár dramaturgisch eingesetzt, in leitmotivischer Verklammerung über das ganze Werk ausgebreitet – eine effektive Ausformung der Anfangstöne d-g a-h,

K. k. pr. Theater an der Wien.

Direktion: Wilhelm Karczag und Karl Wallner.

Samstag den 30. Dezember 1905.

4. Premieren-Abonnement.

Unter persönlicher Leitung des Komponisten.

Novität! Zum 1. Male: Novität!

Die lustige Witwe.

Operette in 3 Akten (teilweise nach einer fremden Grundidee) von Viktor Léon und Leo Stein.

Musik von **Franz Lehár.**

Baron Mirko Zeta, pontevedrinischer Gesandter in Paris	Siegmund Natzler.	Olga, seine Frau	Minna Schütz.
Valencienne, seine Frau	Annie Wünsch.	Pritschitsch, pontevedrinischer Oberst in Pension	Julius Bramer.
Graf Danilo Danilowitsch, Gesandtschaftssekretär, Leut. d. Kav. i. R.	Louis Treumann.	Praskowia, seine Frau	Lili Wiska.
Hanna Glawari	Mizzi Günther.	Njegus, Kanzlist bei der pontevedrinischen Gesandtschaft	Oskar Sachs.
Camille Rosillon	Karl Meister.	Lolo	Mizzi Swoboda.
Vicomte Cascada	Leo v. Keller.	Dodo	Mizzi Dotzauer.
Raoul de Saint-Brioche	Carlo Böhm	Jou-Jou	Annie Kienberger.
Bogdanowitsch, pontevedrinischer Konsul	Fritz Albin.	Frou-Frou	Lina Bauer.
Sylviane, seine Frau	Bertha Ziegler.	Clo-Clo	Herma Cursa.
Kromow, pontevedrinischer Gesandtschaftsrat	Heinrich Pirk.	Margot	Helene Neumayer.
		Ein Diener	Karl Beller.
		Pariser und pontevedrinische Gesellschaft, Guslaren, Musikanten, Dienerschaft.	

Spielt in Paris heutzutage, und zwar: der 1 Akt im Salon des pontevedrinischen Gesandtschaftspalais, der 2. und 3. Akt im Schlosse der Frau Hanna Glawari.

Die neuen Dekorationen sind aus den Malerateliers Burghart & Frank und Theatermaler Zabransky. – Die neuen Kostüme teils von Marion Hoffmann, teils von Frau Skrejchofsky und Obergarderobier Staran. Die Tänze hat Herr Professor van Hamme einstudiert.

Die Beleuchtungsgegenstände des 3. Aktes wurden von der Bronzewarenfabrik Erdmann & Kleemann geliefert.

Nach dem 2. Akt ist eine größere Pause.

Operngläser sind bei den Billeteuren und in den Garderoben gegen eine Leihgebühr von 20 Hellern zu haben.

Kassa-Eröffnung ½7 Uhr. Anfang 7 Uhr. Ende 10 Uhr.

Sonntag	den 31.	Nachmittags halb 3 Uhr bei ermäß. Preisen (ohne Vormerkgebühr): **Der Zigeunerbaron.** Abends 7 Uhr: **Die lustige Witwe.**
Montag	den 1.	Jänner 1906. Nachmittags halb 3 Uhr bei ermäßigten Preisen (ohne Vormerkgebühr): **Vergeltsgott.** Abends halb 8 Uhr: **Die lustige Witwe.**
Dienstag	den 2.	**Die lustige Witwe.**

Die **Tageskassen:** I. Rothenthurmstraße 16 (Bazar) und VI. Millöckergasse (Theatergebäude) sind täglich von 9 Uhr früh bis 5 Uhr nachmittags geöffnet und werden Karten zu jeder im Repertoire angekündigten Vorstellung abgegeben.

k. k. Hoftheater-Druckerei, IX., Bergasse 7.

die auch Hannas *Vilja-Lied, im Volksliedton vorgetragen,* zu Eigen sind. Diese Melodie war zwei Jahre zuvor im *Göttergatten* der Günther anvertraut. Dort gestrichen, ist sie ihr nun mit Variationen auf den Leib geschrieben: zuweilen *getanzt,* dann *mit geschlossenem Munde [zu] summen,* endlich gesungen. Galopp, Marcia, Mazurka, Walzer, Polka, Marcia moderato, Valse moderato, Polonaise, Kolo, Vivace-Marsch, Valse lento und Cake Walk: Alle um 1905 verfügbaren Tanzarten vereinigen sich zu einer fortdauernden Tanzorgie.

Die neue Spezies der «Tanzoperette»[186] ist geboren. Gesangsformen wie Lied, Romanze und Chanson fügen sich stimmig ein. Lehár hat seine Tanzmelodien in jenen Tonlagen gestaltet, die den Theaterbesuchern das Mitsingen, auf dem

Mizzi Günther als «Lustige Witwe» in der Uraufführung Ende 1905 im Theater an der Wien

Nachhauseweg das Nachsingen gestatten. Jede der Nummern hat Lehár in Klänge eingehüllt, die modern waren. Diese «Revolution [...] in der Orchestertechnik»[187] steigerte alle künstlerischen Mittel «zur besten Operettenmusik, die wir haben.»[188] Ungewöhnlich ist die Inanspruchnahme der Instrumente in extremen Lagen, von Harfe, Tuba, reich bestücktem Schlagzeug, Gitarre und Tamburizza-Ensemble. «Er erweitert den Umfang der Geigen und Celli bis ans Griffbrettende, beziehungsweise zum Daumenaufsatz. Flageoletts der Violinen, Kettenfiguren ablösender Klarinetten, Liedthemen in Streichertremoli – Lehár wagt alles.»[189]

Zur koloristischen Darstellung der Erotik des *Grisetten-Liedes* lässt der «Meister des Orchesters» die ersten Violinen in vierfacher Aufteilung einen Obertonschleier[190] über das gesamte Orchester ausbreiten: musikalisierter Pariser Parfümduft erlesenster Art. Sowohl das Pariser Pflaster als auch das bodenständige Balkan-Milieu sind faszinierend musikalisiert; selbst die zahlreichen politischen und gesellschaftskritischen Anspielungen sind amüsant melodisiert. *Die lustige Witwe* ist «nicht mehr bloß eine Operette, sondern ein zeithistorisches Ereignis, eine Manifestation des Zeitgeistes, sie ist zu einem Inbegriff geworden»[191].

Salten erkennt: «Unsere Melodie – in der *Lustigen Witwe* wird sie angestimmt. Alles, was so in unseren Tagen mitschwingt und mitsummt, was wir lesen, schreiben, denken, plaudern, und was für neue, moderne Kleider unsere Empfindungen tragen, das tönt in dieser Operette, klingt in ihr an. Nicht restlos, nicht vollendet; aber es reicht hin zu faszinieren, weil es eben unsere Melodie ist. [...] Lehár trifft den Zeitton, unbewusst. [...] Er ist von 1906, von jetzt, von heute, gibt den Takt an zu unseren Schritten.» [192]

Die Zeitbezüge der *Lustigen Witwe* sind von Moritz Csáky [193] dargelegt worden. So entstammt das *Vilja*-Motiv einer alten dalmatinisch-montenegrinischen Volkssage: Vilen sind Mädchen mit Pferdehufen, die in Höhlen hausen. Im Fürstentum Montenegro hieß der Kronprinz *Danilo;* nach seinem Bild wurde Louis Treumann frisiert und kostümiert. *Njegus* war der dynastische Beiname des Fürstenhauses, *Zeta* ein Doppelbegriff (er bedeutet Fluss und Militäreinheit). *Glawari* nannte man die Vornehmen des Reichsrates. Wenn Léon, Stein und Lehár reale politisch-soziale Zustände auf die Bühne brachten, so ging «es ihnen doch darum, nicht Pontevedro-Montenegro,

Victor Léon, Mitlibrettist der «Lustigen Witwe», mit Lehár, 1906

sondern die eigenen, die österreichischen bzw. ‹kakanischen› Zustände szenisch und musikalisch aufs Korn zu nehmen.»[194]

Verspottung von Politik und bürgerlicher Ehe verbinden sich im zweiten Finale, wenn *Danilo* der *Hanna* im Mazurka-Takt die Ehe als einen *Standpunkt* bezeichnet, *der längst überwunden* sei: *Ein Zweibund sollte stets sie sein, doch bald stellt sich ein Dreibund ein.*[195] Politikverdrossenheit und Anreize zu sexueller Freizügigkeit faszinierten die Besucher in solchem Maße, dass viele erneut kamen, um mit dem Theaterglas den Flottesten des Männer-Septetts oder die Hübscheste des Grisetten-Septetts auszukundschaften. *Ja, wir sind es, die Grisetten:* Mit diesem Aufdruck verkaufte das Theater an der Wien zahlreiche Fotokarten.[196] Und Salten befand: «Lehárs Musik ist heiß von offener Sinnlichkeit, ist wie erfüllt von geschlechtlicher Wollust [...].»[197]

Der Siegeszug der *Lustigen Witwe* war nicht aufzuhalten. Als zweite Bühne *kommt nur Hamburg in Frage!*[198]. Er revanchiert sich für die enthusiastische Aufnahme des *Rastelbinder* an der Reeperbahn und reist erstmals nach Hamburg, um am 3. März 1906 im Neuen Operetten-Theater die *Lustige Witwe* zu dirigieren. Marie Ottman singt die Titelrolle, Gustav Matzner den Danilo. Direktor Max Monti hat eine aufwendige Ausstattung finanziert, Regisseur Edmund Binder intensiv geprobt. Mit nicht enden wollendem Beifall treiben die als steif geltenden Hamburger Lehár und die Mitwirkenden zu jeweils dreimaliger Wiederholung von fünf Hauptnummern an.[199] Nach 58 ausverkauften Vorstellungen reist das Hamburger Ensemble nach Berlin[200]. Zu den Aufführungen ab 1. Mai, unter der Leitung Lehárs, schreibt ein Kritiker: «Wer die Operette tot gesagt hatte, der wird seine irrige Meinung gestern abend berichtigt haben: sie l e b t und wird auch weiterleben.»[201]

Dann geht's in Hamburg weiter, wo Lehár im November 1906 die 250. Aufführung leitet. Im Deutschen Opernhaus Prag dirigiert Otto Klemperer *Die lustige Witwe.* Mit ihr startet am 8. Februar 1907 in Zürich Wilhelm Furtwängler seine Dirigentenkarriere. Die 400. Aufführung war am 27. April in Wien, Ende August 1907 auf St. Pauli fällig. Doch den *Welterfolg brach-*

Das Hamburger Neue Operettentheater war die erste ausländische Bühne, an der «Die lustige Witwe» gespielt wurde.

ten erst die Aufführungen in London und Paris. Namentlich auf das englische Publikum wirkte die Operette besonders stark. In Indien, in Südafrika, in China und Japan wurde sie in englischer Sprache gegeben. In London wurde die Operette achthundertmal gespielt, und noch jetzt bereisen Gesellschaften damit die englischen Kolonien. An wieviel Bühnen die «Lustige Witwe» gespielt worden ist, kann ich selbst nicht sagen. Aber ich glaube, es gibt keine einzige Operettenbühne oder -truppe, die sie nicht gegeben hätte.[202]

Die Londoner Produktion der *Merry Widow* vom Juni 1907 zog en suite rund eine Million Besucher ins Daly's Theatre. In Schweden wurde ein Stummfilm gedreht. Ende November 1907 erschien die *Lustige Witwe* im New Amsterdam Theatre New York, kurz danach in Chicago. Nach weltweit rund zwanzigtausend Aufführungen suchte *La Veuve Joyeuse* im April 1909 auch das Pariser Théâtre Apollo heim. Bis dahin soll sie Aufführungen in 10 Sprachen, an 142 deutschen, 135 englischen und 154 amerikanischen Bühnen[203] erlebt haben. Das Interesse an der *Lustigen Witwe* hält unvermindert an. Nach Schätzungen von Bernard Grun summierte sich die Anzahl der Aufführungen bis zum Jahre 1970 auf etwa eine halbe Million. «Der Verkauf von Klavierauszügen, Einzelnummern und Orchesterarrangements beläuft sich auf fünfundzwanzig bis dreißig, der von Schallplatten auf vierzig bis fünfzig Millionen.»[204]

FÜ-GRA-ZIG oder: Drei auf einen Schlag

Mit *der «Lustigen Witwe» hatte ich meinen Stil gefunden*[205], den «Lehár-Stil»[206]. «Die Ende 1905 aufgeführte *Lustige Witwe* bedeutete den Durchbruch zu einer neuen Operettenkunst, die, gefördert durch Straus, Fall, Jarno und Kálmán, fast ein halbes Jahrhundert vorherrschend blieb.»[207] Die «moderne Operette»[208], international rezeptionsfähig als «Operette der Welt»[209], löst eine «Weltfaszination»[210] aus: den «Lehártaumel»[211]. *Mir hat der Erfolg der «Witwe» gebracht, wonach von Kindheit an mein Sehnen hing: materielle Unabhängigkeit beim künstlerischen Schaffen, die Möglichkeit, meinem inneren Drang und nur diesem folgen zu können.*[212]

Seine Wohnung in der Schleifmühlgasse fasst kaum die Glückwunsch-Präsente zur 75. Aufführung der *Lustigen Witwe*: «Kränze und Blumen mit sinnigen Widmungen. Ganze Bäume, Flieder und Rosen [...] wie im Feenland.»[213] Die Mutter berichtet: «Franz zeigte mir alles. Mit seiner unnachahmbaren herzgewinnenden Liebenswürdigkeit. Da kam mir mein Kind wie ein König vor.»[214] Als sie fiebert und von Schmerzen geplagt wird, bringt sie Lehár nach Bad Ischl. *Der lieben Mutter gehts einen Tag besser, dann wieder schlechter. Wenn nur der ewige Regen einmal aufhören würde*[215], meldet Franz am 28. Juli 1906 nach Komárom, wo Toni als k. u. k. Hauptmann des IR 83 in der Kaserne logiert. Die Mutter versichert: «Gottlob, es geht mir besser. [...] Franz aber werde ich immer dankbar sein, daß er alle die großen Sorgen von mir genommen hat. Gott lohne es ihm! Lebet wohl.»[216] Wenige Tage danach stirbt Christine Lehár mit 57 Jahren und wird am 6. August in Ischl beigesetzt, von ihren Kindern Franz, Toni und Emmi betrauert.

Lehárs Terminkalender drängt: Zum Oktober ist *Der Schlüssel zum Paradies* (nach *Wiener Frauen*) zu bearbeiten, im Leipziger Neuen Operettentheater[217] zu dirigieren, danach die

Christine Lehár mit ihren Kindern Anton, Emilie Christine und Franz, 1906

Partitur zur Kinderoperette *Peter und Paul reisen ins Schlaraffenland* zu vollenden. Das Libretto stammt von den Schauspielern Robert Bodanzky und Fritz Grünbaum. Zwei Schusterlehrlinge langweilen sich im Schlaraffenland und kehren reumütig zur Arbeit zurück, natürlich zum Weihnachtsfest. Lehár hat entzückende Lieder und Schlaraffen-Tänze komponiert: *Lebkuchen-Polka, Akrobaten-Galopp, Ferkel-Tanz, Glückspilze-Gavotte* und *Honignymphen-Walzer.*

Wenige Monate vor der Premiere (am 1. Dezember 1906) war im Souterrain des Theaters von den Gebrüdern Leopold und Siegmund Natzler eine Kleinkunstbühne für 400 Besucher eröffnet worden: Die Hölle. Siegmund Natzler, der erste Baron Mirko Zeta der *Lustigen Witwe*, ist ab 5. Januar 1907 der Kanzler in der ersten Operetten-Premiere der Hölle: *Mitislaw der Moderne.* Die Hauptrolle kreiert Emil Richter-Roland: *Ich schaff' mir einen Musterstaat.* Die Frauen legen den *Musterstaat* mit altbewährten Mitteln lahm (Amaranthe: *Ich pfeife auf die Tugend immerdar*). Zwischen Marcia und Valse moderato agieren vierzehn Personen in neun ergötzlichen Nummern. Was die Librettisten, wiederum Bodanzky und Grünbaum, an Gesellschaftskritik aufgetischt haben, wirkt kabarettistisch und eilt der Zeit voraus.

Noch sind die «Zeiten der lustigen Witwenpest» (Karl Kraus)[218]. Der Erfolg der *Lustigen Witwe* hat eine Nachfrage und Euphorie ausgelöst, die die ganze Operettenbranche befruchtet. Das Carl-Theater (Oscar Straus, Eysler, Fall), das Ronacher, Theater in der Josefstadt (Georg Jarno) und Danzers Orpheum verstärken ihre Angebote. Neue Theatereröffnungen schießen wie Pilze aus dem Boden. Von 1907 an strömt das Publikum in die Hölle und Arena XIII, ins Jantschtheater und Colosseum, Apollo und in die Fledermaus.[219] Im Oktober 1908 öffnet das Johann-Strauß-Theater[220] seine Pforten (Bruno Granichstaedten, Heuberger, Lehár). Auch Sprechbühnen locken mit Operetten. Dazu zählen das Wiener Raimundtheater und das Bürgertheater (Eysler: «Der unsterbliche Lump»). Das Premierenangebot[221] schnellt auf 22 (1907), 36 (1909), 38 (1910) und 51 Novitäten im Rekordjahr 1911. Selbst in der Kriegszeit bleiben Novitäten nicht aus (je 27 in 1916 und 1918). Seit 1914 warten neue Kleinbühnen[222] mit Einaktern auf. Erst in der Nachkriegszeit werden Angebot und Nachfrage erlahmen, in den Jahren 1925 (9), 1929 (5), 1936 (6) und 1938 (4) starke Einbußen erleiden.

Die aufwendigsten Premieren bieten jene Wiener Bühnen an, die sich dem «Sieg der Viktor Léon-Kultur»[223] unterwerfen, Libretti des Erfolgs-Duos Willner/Bodanzky ankaufen und einer Hand voll bewährter Komponisten verlockende Angebote unterbreiten: das Carl-Theater und das Theater an der Wien. 1907 ermöglicht dieses den Welterfolg der «Dollarprinzessin» von Leo Fall (bis 1921 6013 Aufführungen an deutschsprachigen Bühnen[224]), jenes den «Walzertraum» von Oscar Straus (6742). Das Theater in der Josefstadt führt «Die Försterchristel» von Georg Jarno (4930) zum Erfolg. 1908 hätte ein «Leo-Fall-Jahr» werden können. Im Carl-Theater entzücken die Melodien zur «Geschiedenen Frau» (3253). Doch «Der fidele Bauer» (7372) findet nach der Mannheimer Premiere im Theater an der Wien keine vergleichbare Resonanz. Lehárs

Mann mit den drei Frauen und «Der tapfere Soldat» von Straus erweisen sich als zugkräftiger. 1909 dominiert das Theater an der Wien mit Kálmáns «Herbstmanöver» (1590) und Lehárs *Der Graf von Luxemburg* (5564).

Da Lehár zur Jahreswende 1909/10 innerhalb von nur drei Monaten an drei Bühnen drei spektakuläre Premieren platziert, hat er seine Konkurrenten Fall, Straus und Kálmán abgeschüttelt. Im Übrigen behauptet *Die lustige Witwe* als die meistaufgeführte Operette der «Silbernen Ära» ihre Vormachtstellung.

In fast allen Städten führt Lehár die Rangliste der Bühnenstatistiken an: von den Hamburger Bühnen [225] bis zum Coburger Landestheater [226], das in 50 Jahren rund tausend Lehár-Aufführungen verzeichnet. Das Publikum ist süchtig nach den neuen Klängen, Rhythmen und sangbaren Melodien: nach dem «Lehár-Ton, dem alle Welt verfiel» [227]. Die Pflege bodenständiger Operetten bleibt noch Budapest und Berlin vorbehalten. Von Budapest aus finden ungarische Werke (Lehár, Kálmán, Viktor Jacobi, Akos von Buttykay) in deutscher Übersetzung über Wien den Weg zum Welterfolg. Selbst die lokal orientierten Produktionen Berlins (Leon Jessel, Jean Gilbert, Walter Kollo, Eduard Künneke, Rudolf Nelson, Paul Lincke, Victor Holländer) reifen erst in «Wiener Fassung» zum internationalen Exportartikel. Zwischen Wien und Berlin reisen die Interpreten, Regisseure, Dirigenten und Autoren hin und her.

Hatte in der «Goldenen Ära» die Operette von Paris aus die Wiener und Londoner Märkte bedient, so geben zur Zeit der «Silbernen Operette» Wiener Bühnen den Ton an. Im Deutschen Reich gilt Hamburg als wichtigste Nachspielstation. Erst um 1910 kommt Berlin mächtig auf und vermag Mitte der zwanziger Jahre die Vorherrschaft Wiens zu brechen. Weitere wichtige Premieren und Nachspielorte sind: Mannheim, Dresden, Stuttgart, Leipzig, München, Wiesbaden, Breslau, Agram und Hannover.

In der deutschen Hauptstadt wirkt seit Januar 1901 Oscar Straus als Hauskomponist des Berliner Bunten Theaters, Ernst von Wolzogens Überbrettl.[228] Im November 1902 hat die «Madame Sherry» des Wiener Dichter-Komponisten Hugo Felix im Berliner Centraltheater Premiere. Direktor ist der Ungar José

Ferenczy, der Leo Fall als Kapellmeister verpflichtet. Es folgen in Berlin Novitäten von Jarno, Fall, Ralph Benatzky, Ascher und Stolz. Vor diesen rangiert in Berlin seit dem 1. Mai 1906 Lehárs *Lustige Witwe.* Sie war von Direktor Max Monti (einem Tenor aus Sopron / Ödenburg) mit dem Hamburger Ensemble präsentiert worden. Ein Jahr später hat Monti in Berlin Fuß gefasst und das Theater des Westens[229] übernommen. Nach über 600 *Witwen*-Aufführungen hat er so viel verdient, dass er sich das Neue Operettentheater am Schiffbauerdamm leisten kann.

Mitte April 1907 beginnt Lehár mit der Reinschrift zum *Mann mit den drei Frauen.* Durch Dirigate von *Witwen*-Jubiläen abgehalten, sitzt er über drei Monate (9. Oktober bis 17. Januar) an der Partitur.[230] Belustigt registriert der Schöpfer der «vernünftigen Operette» für «Intelligenzler»[231] den Ruf nach schlicht-populärer Melodik. Vor allem Leo Fall schließt, ähnlich wie Carl Millöcker, an das Volkslied an. Seine Instrumentation ist feiner nuanciert, durchaus «mozartischer» als die von Lehár, sein Gesangsstil singspielhaft und kaum in Gefahr, der Oper nahe zu kommen. Im Theater an der Wien sind die einstigen Geigenpult-Brüder[232] nun Konkurrenten. Da kommt am 2. November 1907 «Die Dollarprinzessin» zur Uraufführung. Alsbald singen die Wiener «Wir tanzen Ringelreih'n».

Elf Wochen danach, am 21. Januar 1908, hat Lehárs *Der Mann mit den drei Frauen* Premiere. 82 Aufführungen in vier Monaten bedeuten ein achtbares Ergebnis.[233] Der Doblinger-Verlag hat die Einzelausgaben mit phantasievollen Titelblättern von Theo Zasche schmücken lassen. Schon zur 25. Aufführung am 14. Februar zeigt der Verlag 99 Ausgaben an. Die Walzer *Liebchen! Komm und öffne dein Stübchen* sowie *Ach, Rosen ohne Zahl* erfreuen sich großer Popularität, auch der Marsch *Die armen Kadetten,* Olivias Telefon-Lied *Drei Minuten für Himmel und Hölle* und das köstliche Sextett *Bienchen summt nicht mehr.* Lehár hat hier volkstümlich und kabarettistisch zugleich drauflos musiziert, das Variationsprinzip zur Formerweiterung gewonnen und neue Ideen erprobt, die er später aufgreifen kann. Erstmals bringt er chinesische Musik (Nr. 5) auf die Bühne, vertieft das Pariser Idiom zwischen Debussy-Anklängen und Musette.

Er findet Nachahmer. Man vergleiche die Valse-moderato *Ihr Männer im Paradiese*[234] mit dem Kurt-Robitschek-Neutext «Im Prater blühn wieder die Bäume»: Stolz hat nur wenige Töne geändert. Vorweggenommen ist auch jenes Reisebüro-Motiv, das Künneke 1932 in der «Glücklichen Reise» vertont. Doch Bauers Libretto *Der Mann mit den drei Frauen* findet wenig Gnade. «Die Muse Franz Lehárs ist schon einmal mit Julius Bauer eine *Juxheirat* eingegangen. Es war eine kurzlebige Ehe, der bald die Scheidung von Bühne und Tantiemen folgte.» Eine unglückliche Ehe, in die Lehár «eine bedeutende Mitgift, reich an Kostbarkeiten der verschiedensten Art»[235] umsonst eingebracht habe. Lehár trennt sich von Bauer und lässt den Bauer-Einakter *Rosenstock und Edelweiß*[236] erst einmal liegen.

Lehár wagt den Befreiungsschlag. Vor ihm liegen die Libretti *Das Fürstenkind* von Léon sowie *Zigeunerliebe* von Alfred Maria Willner und Robert Bodanzky. Auf zwei Notenpapier-Querformaten zu je vierzehn Zeilen lesen wir hier: *Das Fürstenkind/Begonnen: 30. Juni, 1908* – und dort: *Zigeunerliebe/Begonnen: 30. Juni, 1908.*[237] Zum ersten Mal steht der Riesenschreibtisch Lehárs im zweiten Stock des theaternahen Hauses Theobaldgasse 16, das er gekauft hat. Im Dachgeschoss richtet er ein Museum ein – mit Orden, Urkunden, Lorbeerkränzen, Fotos, Kritiken, Dankschreiben und Reiseberichten.[238] Der erste Stock beherbergt den Inkassoverband der Theater- und Orchesterunternehmungen Österreichs. Im dritten Stock wohnt sein neuer Librettist Willner.

An der Wiener Universität zum Dr. jur. promoviert, wirkte Willner als Kritiker für das Wiener Salonblatt, komponierte Ballette für die Hofoper (seit 1884), besorgte Opernlibretti für Ignaz Brüll und Karl Goldmark, ehe ihn Bernhard Buchbinder für Operettenlibretti (Weinberger, Strauß) gewann. Im Duo mit Bodanzky arbeitet Willner für den aus Slawonien stammenden Felix Albini (Leipzig 1908: «Baron Trenck»). Danach ist Lehár der Favorit, die *Zigeunerliebe* das neue Sujet.

Die Idee des parallelen Komponierens nach unterschiedlichen Sujets verdankt Lehár dem Startjahr 1902, als binnen eines Monats *Wiener Frauen* und *Rastelbinder* Premiere hatten.

Im Sommer 1908 erwirbt Lehár das Haus Theobaldgasse 16 in Wien. Im Dachgeschoss richtet er sich ein Museum der Trophäen und Erfolgsexponate ein.

Abermals sind Idiome kontrastiert: hier das griechische, dort das rumänisch-ungarische. Ideen, die der einen Vorlage nicht genügen, widmet er der anderen – und umgekehrt. In 20 Tagen eines oft nächtlichen Schaffensrausches bewältigt der Achtunddreißigjährige mit vier größeren Nummern fast die Hälfte der Gesamtpartitur der *Zigeunerliebe*: *auf dem Jagdschloß des Magnaten Dragotin in Siebenbürgen […]. Anfang des 19. Jahrhunderts.* Ehe Dragotins Tochter Zorika den Bojaren Jonel Bolescu heiratet, lebt sie im Traum Erfüllung und Scheitern ihrer *Zigeunerliebe* zum Geiger Józsi aus. Das Duett Zorika/Józsi *So sprach noch niemals ein Mann zu mir* komponiert Lehár zuerst (die wagnereske Sturmwind-Introduktion stammt aus späterer Zeit). In den Folgenummern begegnen uns Zimbalklänge einer Zigeunerkapelle, die ungarische Schalmei Tárogató, temperamentvolle Csárdás-Melodien, hurtige Klarinetten-Figuren und virtuose Violin-Soli.

Diese skizziert Lehár fürs *Fürstenkind* eher akademisch – im *Konzertstück für Violine, Cello und Klavier (hinter der Szene)*. Er musikalisiert den Athener Salon des Jahres 1856 und die von einer Räuber-Mafia beherrschte Gebirgswelt mit Wagner-Anklängen. So lässt er Mary-Ann im Auftrittslied *Holioh* wie eine Rheingold-Nixe singen. In anderem Stil: der groteske *Räuber-Marsch* und die von Räuberfürst Stavros mit Mary-Ann getanzte *Valse lento*: *Wüßtest du, Mädchen, wie wohl das tut.*

Das parallele Komponieren bleibt auch im II. Akt für beide Particelle Prinzip: *Begonnen: 20. August, 1908.* Die *Zigeunerliebe* ist geprägt vom ungarisch-synkopierten Stil und vom slawischen Melos – wie in Zorikas *War einst ein Mädel [...]. Gib mir dort vom Himmelszelt.* Das nachfolgende Duett Ilona/Dragotin *Ich weiß ein Rezept [...]. Nur die Liebe macht uns jung* erscheint konventioneller, eher für Wiener Ohren gedacht. Einige Melodien entnimmt Lehár dem Skizzenbuch der *Lustigen Witwe* (Juni 1905)[239], unter anderem das Leitmotiv *Ich bin ein Zigeunerkind.* Einer schlichten Melodie mit Lehárs «Schimmel»-Texten[240] *Ich muß gesteh'n* und *Ich liebe Dich* unterlegte Willner den Text: *Glück hat als Gast.*

Die Verträge waren im Sommer 1908 mit Doblinger sowie Karczag & Wallner unterzeichnet. Weil das bewährte Duo Günther/Treumann zur Einweihung des Johann-Strauß-Theaters Favoritenstraße nicht zur Verfügung steht, wird die Premiere des *Fürstenkinds* um ein Jahr verschoben. Nun korrigiert Lehár, stellt um, strafft, ergänzt und kommt erst am 7. Juli 1909 in Bad Ischl zum Ende. Der *Zigeunerliebe* fügt er Ilonas Csárdás-Lied *Hör' ich Cymbalklänge [...]. Macht nichts! Hol's der Teufel!* und die *Ouvertüre* bei. Er schließt die aufwendige Instrumentation am 14. Dezember ab.

Zuvor hatte Lehár eine dritte Operette skizziert. *Es war bestellte Arbeit, [...] und statt, wie ich es gewohnt bin, methodisch zu arbeiten, habe ich dieses Buch von rückwärts nach vorn und von vorn nach rückwärts komponiert. In drei Monaten war ich fertig, und beim Durchblättern der Partitur sagte ich mir: das ist vielleicht die ursprünglichste Musik, die du je geschrieben hast!* [241] Sie verdankt ihre Entstehung einer Provokation durch Direktor Karczag, der die *Zigeunerliebe* kritisiert und Lehár ein Lustspiel-Buch überreicht hatte. Teils verärgert, aber auch fasziniert vom Buch, fertigte Lehár in Ischler Klausur vom 29. Mai bis 26. Juni 1909 die Skizze an, vom 4. Juli bis 10. August das Klavierparticell, danach in wenigen Wochen die Partitur dieses *Schmarrn*[242].

Das Betriebsgeheimnis um den *Grafen von Luxemburg* hing damit zusammen, dass «Frau Johann Strauß» zum zehnten Todestag ihres Gatten dessen letzte Operette «Göttin der Vernunft»[243] von Ferdinand Stollberg[244] neu textieren ließ. Mit Girardi war die Premiere zum Jahresende im Raimundtheater fixiert. Um diesem Termin zuvorzukommen, verbindet sich Willner mit Bodanzky. (Das alte Libretto von Willner/Buchbinder war frei geworden, Buchbinder aber mit Jarno-Projekten[245] zugedeckt.) Das Grundmotiv der Scheinehe in Paris bleibt erhalten. Alles Übrige ist neu: Künstlersalon, Gegenwart. Lehárs Eilvertonung kommt den Direktoren Karczag und Wallner zupass. Sie planen zur Ablösung der Erfolgsserie von Kálmáns «Herbstmanöver» einen weiteren Sensationserfolg. Der *Graf von Luxemburg* kommt sechs Wochen vor den «Reichen Mädchen» von Strauß / Stollberg auf die Bühne. Diesen Autoren-Wettlauf haben Statistiker mit 5564 zu 451 zugunsten von Lehár / Willner / Bodanzky ausgewiesen.[246]

Zum Jahreswechsel 1909/10 wird Lehár innerhalb von drei Monaten zum «Mann mit den drei Premieren». Drei Lehár-Operetten «werden in drei Wiener Theatern im gleichen Jahr je 200mal gegeben, eine Rekordziffer».[247] Am 7. Oktober 1909 beginnt das Johann-Strauß-Theater mit dem *Fürstenkind.* Das Werk ist gewöhnungsbedürftig. «Schwere Tonwellen fluten durchs Orchester, alle Instrumente sind in Aufregung.

Drei Operettenpremieren in drei ersten Häusern Wiens: Lehár als Drehorgelspieler in einer Karikatur der Zeitschrift «Kikeriki»

Dann wieder gleiten die Melodien langgezogen dahin, Moll – nichts als Moll! [...] Man war müde und verwirrt.»

Am 12. November singt *Der Graf von Luxemburg* (Otto Storm) mit der Opernsängerin Angèle (Annie von Ligety) im Theater an der Wien erstmals die Walzerlieder *Bist du's, lachendes Glück* und *Lieber Freund, man greift nicht nach den Sternen.* Dem Maler Armand (Bernhard Bötel) reicht das Modell Juliette (Louise Kartousch) endlich die Hand – nach dem Polkalied *Wir bummeln durchs Leben* und dem Walzerduett *Mädel klein, Mädel fein.* Erstmals begegnet uns jenes tanzende Buffopaar, das für alle neuen Operetten bestimmend werden sollte. Umwerfend komisch agiert Max Pallenberg als russischer Fürst Basilowitsch, der den verarmten Grafen mit Geld zur heiratsgemäßen Überlassung des Adelstitels an Angèle ködert, von der, hinter einer Leinwand verborgen, nur ein zartes Händchen sichtbar wird. Doch René spürt die Unbekannte auf und heiratet sie, nachdem Basil von der Jugendfreundin Stasa entdeckt und an ein Eheversprechen erinnert wird. Pariser Lebewelt *(Leichtsinn ist die Parole)* und slawische Seele (Basils *Polkatänzer war ich comme il faut*) treffen abermals aufeinander.

Louise Kartousch als Juliette in der Uraufführung von «Der Graf von Luxemburg», 1909

Das alte Erfolgsrezept der *Lustigen Witwe* heimlicher Liebschaft hat Lehár auch hier zu sprühender Melodik inspiriert. *Der Graf von Luxemburg* ist der Zwilling der *Lustigen Witwe*, wie später Kálmáns «Gräfin Mariza» zur «Csárdásfürstin». Lehár dirigiert, Stolz übernimmt. Das Publikum ist begeistert. Fast jede Nummer muss wiederholt werden. Zum Schluss gibt es 46 Vorhänge. Die Kritik verbreitet sich einhellig positiv über die leicht verständliche Handlung, nicht zuletzt über die Musik: «Alle raffinierten Lock- und Reizmittel der erotischen Operette und sogar der veristischen Oper werden aufgeboten.»[248] Oder: «Es singt und klingt im Orchester, dass man am liebsten immer mitsingen möchte. Lehár überschüttet uns mit einer Fülle der reizendsten Melodien und hat dieselben in ein ungemein duftiges, liebliches, instrumentales Gewand gekleidet, das oft an Puccini erinnert [...].»[249] An in- und ausländischen Bühnen gibt es Serien mit Hunderten von Aufführungen en suite. Eine Aufführung in Victor Palfis Neuem Operettentheater zu Berlin kommentiert Alfred Döblin: «Das Theaterstück ist ein Vorwand, der Künstler Glied eines ökonomischen Trusts. [...] Soviel Küsse, soviel Tanz, soviel Kränze, soviel Schlager. Die unzüchtige Zote, die süße Geilheit in Wort und Spiel und Musik: Mein Liebchen, was willst du mehr?»[250]

In der Partitur der *Zigeunerliebe* hat Lehár die Musiklandschaft seiner Heimat verzaubert. «Kaum eine zweite Partitur des Komponisten ist melodisch so erfinderisch, harmonisch so verwegen, klanglich so farbenreich [...]. Kaum eine zweite entwirft so vielfältige, unermüdliche Rhythmen. Kaum eine zweite auch – ob von Lehár selbst oder von seinen magyarischen Landsleuten Huszka, Kálmán, Jacobi, Abrahám – mobilisiert ungarische und zigeunerische Volksmusik derart triftig, aber auch mit derart unverwechselbarem persönlichen Stil.»[251]

Lehár dirigiert die Premiere am 8. Januar 1910 im Carl-Theater. Den Józsi singt Willi Strehl, die Zorika Grete Holm, die Frau von Robert Stolz. Zur deutschen Erstaufführung in der Komischen Oper Berlin heißt es: Lehár «hat die Gabe der Erfindung. Er ist nicht nobel; dafür wurzelt er im Volkslied, bevorzugt einfache diatonische Fortschreitungen und erreicht damit eine Herzlichkeit, die den Hörer für ihn einnimmt.»[252]

Im selben Jahr bringen Hamburgs Theater[253] alle drei Lehár-Novitäten heraus. Die «Leháritis» grassiert. Selbst die melodische Schwerblütigkeit der *Zigeunerliebe*, die «einen neuen Typ der Operette, [...] nämlich die sentimentale Ungarn-Operette»[254] etabliert, erlebt Aufführungen in Kalkutta, Sydney, New York, San Francisco und an vielen anderen Orten. «Das Empiretheater von Darjeeling führte *Gipsy Love* [...] sogar am Fuße des Himalaja auf – unbestritten der Höhenrekord, den eine Wiener Operette je erzielte.»[255]

Das Buffopaar Jolán und Kajetán in «Zigeunerliebe», 1910

«Wär' es auch nichts als ein Augenblick»

Bad Ischl ist «Lehár-Stadt». Der Operettenkomponist hat im August 1902 erstmals Ischl aufgesucht, um in einer Wohnung in der Grazer Straße die Orchestrationen von *Wiener Frauen* und *Rastelbinder* abzuschließen. Ein Jahr später kommt er mit Sophie Meth zur Wagner-Mühle und bezieht die Rosenvilla (Esplanade 6), die einst Giacomo Meyerbeer und Joseph Joachim bewohnten. «Zu Karczags Zeiten wurde Ischl das sommerliche Standquartier der Wiener Operettenleute. Karczag fand, daß sich nur wenige Gegenden, was landschaftlichen Reiz, gute Luft und pittoreske Gesellschaft anlangt, mit dem Ischler Esplanadenkaffeehaus und dem Hinterzimmer der Konditorei Zauner messen können. Daher fuhr er Sommer für Sommer nach Ischl, und es ergab sich von selbst, dass so ziemlich das ganze Theater an der Wien am 1. Juli jedes Jahres mit dem Direktor dorthin übersiedelte.»[256] Mit Karczag und Steininger erscheinen die Librettisten, dazu Straus, Fall, Ascher, Kálmán und Lehár.

In Ischl hatte ich immer die besten Einfälle[257], versichert Lehár, was seit August 1910 mit dem Parallelkomponieren von *Endlich allein* und *Eva* nach Texten von Willner und Bodanzky unter Beweis gestellt ist. Anfang September skizziert Lehár in zwei Wochen den Zwei-Personen-Akt II von *Endlich allein*[258] und wendet sich dann der *Zwanzinette*[259] aus *Eva* zu. Mitte Oktober reist er nach Hamburg (Hotel Atlantic), um die 50. *Zigeunerliebe* und die Premiere des *Fürstenkinds*[260] zu leiten. In Leipzig dirigiert er zweimal *Zigeunerliebe* und setzt in Wien die Arbeit am II. Akt der *Eva* fort. Mitte November ist er in Budapest (Hotel Royal), leitet die Premiere von *Cigányszerelem*, dirigiert den 200. *Grafen von Luxemburg* und besucht eine *Fürstenkind*-Probe in der Oper. In Wien arbeitet er weiter an *Eva* und hört im Theater an der Wien die Generalprobe von Falls

«Schöner Risette» (*schlechter Eindruck*[261]). Nach Proben in Rom bricht er zusammen. In den Tagen verordneter Ruhe (Quirinal Hotel) begeistert er sich am 28. November im Vatikan an Gemälden von Paolo Veronese, Michelangelo da Caravaggio, Antonis van Dyck und Tizian. Die Bilanz des Jahres 1910 führt den meistgespielten Komponisten deutscher Bühnen mit 2200 Aufführungen vor Wagner (1994), Giacomo Puccini (776) und Oscar Straus (748).[262]

Am 19. Januar 1911 folgt die Brüsseler Premiere von *Amour Tsigane*. Es entstehen Ergänzungen zum *Grafen von Luxemburg* für London, Prag und Paris. Ende Juli kann Lehár die Arbeit an *Eva* fortsetzen und nach vier Monaten abschließen. Für die Partiturreinschrift, darunter das Finale II mit 85 Seiten, benötigt er einen Monat und vermerkt drei Tage vor der Uraufführung: *1 h früh – Mit der ganzen Operette fertig geworden.*[263] Der Verlagskopist Uher hat mit seinen Helfern rund um die Uhr zu tun. Die Orchesterspieler proben aus tintenfrischen Stimmen, die Solisten Günther/Treumann und Kartousch/Tautenhayn erstmals mit dem Regisseur Paul Guttmann. Auf Wunsch von Robert Stolz erhält das blonde Chormädel Franzi Ressel eine Nebenrolle (sie wird die zweite Stolz-Ehefrau).

Am Theater an der Wien zählt der 24. November 1911 zu den aufregendsten Premiereterminen. Erstmals werden *dem Volke die sozialen Fragen des Tages*[264] gestellt. Wenige Wochen zuvor hatten am Wiener Rathaus die zu Operettenruhm gelangten «Deutschmeister»[265] auf die revoltierende Menge geschossen.[266] Der um die Lizenz besorgte Karczag wiegelt ab: «Die Arbeiter wollen ihre *Eva* gegen den jungen Fabrikherren schützen, der sie verführen will. Das ist eine einfache menschliche Angelegenheit und hat mit Sozialismus gar nichts zu tun.»[267] Auch Lehár besänftigt: *Aber wir werden nicht die üblichen dramatischen Mittel anwenden, um diese Fragen zu lösen; wir werden von der ‹anderen Seite› kommen und die Gewaltsamkeit durch Grazie ersetzen.*[268]

Das sah die Kritik ähnlich: «In keiner der früheren Lehárschen Operetten findet man eine so vornehme und elegante Durchführung der Szenen, Nummern und Finali. Nie hat sein

Orchester so reich, so blendend und faszinierend geklungen wie diesmal.»[269] Er betreibe, «von der Ouvertüre bis zum letzten Finale, eine Musikdramaturgie des Konjunktivs [...] gegen alle Einsprüche der Wirklichkeit. Text und Musik in *Eva* verzeichnen [...], was die singenden Personen ersehnen, erträumen, heraufbeschwören. [...] Derlei ist gang und gäbe in der Gattung Operette. Lehár jedoch hat es für seine erneuerte Aschenbrödelgeschichte thematisch zugespitzt. Am deutlichsten in jener Valse moderato, die sich als leitmotivische Parole durchs ganze Stück zieht: *Wär' es auch nichts als ein Augenblick [...].*»[270] Dieser Walzer war neun Jahre zuvor in den *Mädchenträumen*[271] erklungen.

Eva, «vielleicht seine schönste Musik!»[272], ist der größte Operettenerfolg des Theaters an der Wien zwischen dem *Grafen von Luxemburg* (1909) und Falls «Rose von Stambul» (1916). Die jeweils 200. Aufführung dirigiert Lehár am 6. September 1912 in Wien, einen Monat später im Hamburger Operetten-Theater. Je Dirigat erhält er 1000 Kronen Gage. Für *Eva* in St. Petersburg bietet man 2500 Kronen. Doch muss er absagen, wie in Madrid und New York, weil schon Dresden und Buda-

Die Hauptkomponisten der Silbernen Operettenära: Edmund Eysler, Oscar Straus, Oskar Nedbal, Franz Lehár (die «erste Geige» spielend), Carl Michael Ziehrer, Leo Fall. Karikatur von Rudolf Herrmann, um 1912

Die Lehár-Villa in Bad Ischl, im Sommer 1912 erworben

pest, Berlin, Nizza, London, Paris und Brüssel auf ihn warten. Neben *Eva* dirigiert er den *Grafen von Luxemburg*, den *Mann mit den drei Frauen* in Paris (1. Mai) und *Zigeunerliebe* am letzten Julitag 1912 in London vor dem englischen Königspaar. Vom Hotel zum Reichstag Berlin schreibt er Toni: *Eva geht glänzend. Die Aufführung ist sehr gut. Das Orchester läßt zu wünschen übrig. «Unsere» Geiger fehlen eben. Die Musiker spielen korrekt, aber die Herztöne sind nicht da.*[273] Doblinger lässt über 60 Ausgaben drucken, darunter den Erfolgswalzer. *Eva* hilft einen Theaterneubau in Tripolis (Libyen) eröffnen. Im Weltkrieg wird sie im April 1917 auf Gastspielen des Roten Kreuzes mit Lehár bis nach Konstantinopel getragen.

Lehár ist mittlerweile ein reicher Mann. 68000 Kronen zahlt er dem Grafen Alexander Kálnoky von Köröspatak im Sommer 1912 für jene Ischler Villa am Rudolfskai, die Adelheid Herzogin von Sabran-Pontevès erbaut hat und heute als Franz-Lehár-Museum[274] allen Interessierten zugänglich ist. Am 12. Juli schreibt er dem Bruder Toni: *Die Villa gehört nun mir, und ich freue mich, bald darin wohnen zu können. Es ist ein herr-*

liches Plätzchen – für die Arbeit wie geschaffen.[275] Und sechs Wochen später, nach Dirigat des Walzers *La belle Polesane* im Ischler Theater: *Ich konnte mir nichts besseres aussuchen.*[276] Das Hintergebäude bezieht seine Freundin Sophie Meth.

Den Ischler Bergen hat Lehár ein musikalisches Denkmal gesetzt. Von dessen Wiener Premiere am 1. Dezember 1912 berichtet er dem Bruder: *Komme soeben (3 h früh) aus der Hölle, wo die Premiere Rosenstock & Edelweiss war. Es ist unsere alte vor 7 Jahren gemachte jüdische Duoszene (Text Jul. Bauer). [...] Übrigens hat die Sache richtig gewirkt. Jedes Wort wurde belacht.*[277] Welche Wirkungen 1912 Kollegen auslösten, hat Lehár festgehalten. Humperdincks *Königskinder öde und leer. Keine Gedanken.*[278] Zu Ermanno Wolf-Ferraris «Schmuck der Madonna»: *Das Buch athmet Carmenstimmung. Die Musik stellenweise schön. Im Ganzen wenig neues.*[279] Zur Operette «Der kleine König» seines Freundes Kálmán: *[...] interessant. Die Handlung spannend, aber zu viel Hintertreppen-Romantik. Die lustigen Szenen störend. Die Musik manchmal sogar sehr hübsch. Sehr oft aber banal und nichtssagend. Kalman* sei *ein geschickter Nachempfinder. Manchmal kam's mir vor, als hätte er meine Hosen angezogen.*[280] Zur Strauß-Operette «Der Carneval in Rom» in Stollbergs Umformung zum «Blauen Held»: *[...] wohl das entsetzlichste Buch, das ich je kennen gelernt habe. [...] Joh. Strauss hat das eigentümliche Schicksal, noch nach seinem Tode ununterbrochen durchfallen zu müssen.*[281]

Das war ein Schlüsselerlebnis: *[...] bevor nach meinem Tod jemand auf die Idee kommt, mich verbessern zu wollen, besorge ich das lieber selbst.*[282] Er bearbeitet frühere Werke und lässt das Projekt *Endlich allein* ruhen. *Göttergatte hat ein ausgezeichnetes Buch erhalten: Die ideale Gattin. Möglich, daß ich damit früher herauskomme.*[283]

Die Operette spielt nun in der Gegenwart, im spanischen Badeort San Sebastian. Da Direktor Karczag nicht drängt, weil Reinhardts Novität «Prinzeß Gretl»[284] länger als erwartet im Wien-Theater läuft, gastiert Lehár in Monte Carlo, Stockholm und Paris. In Bad Ischl beendet er die Klavierauszüge zu *Endlich allein* (22. Juli) und zur *Idealen Gattin* (11. September). *Ich hatte zuerst die Absicht, zu dem neuen Sujet die komplette Musik des alten Werkes zu verwenden; bei der Arbeit stellte es sich jedoch heraus, daß das undurchführbar war. Ich mußte, um dem Aufbau und dem Milieu der neuen Operette gerecht zu werden, immer wieder Neues komponieren.*[285]

Mizzi Günther (Elvira-Carola) und Hubert Marischka (Viconde) tanzen 1913 in «Die ideale Gattin» den ersten Bühnen-Tango der Operettengeschichte.

Am 13. Juni 1913 notiert er in Bad Ischl – das rote Tintenfass läuft ihm dabei aus[286] – seinen ersten *Tango* und löst damit eine Revolution aus. Schon die Ouvertüre konfrontiert die Zuhörer mit dem neuen Tanz, und als Erste tanzen Mizzi Günther und Hubert Marischka am 11. Oktober im Theater an der Wien diesen *Tango* auf der Bühne. Die biederen *Göttergatten*-Melodien habe der Komponist in eherne Formen umgegossen, meint die Kritik: «Liebenswürdige Walzer sind zu dramatischen Szenen geworden, nette Einfälle zu Themen [...].»[287] Unter Niveau bliebe Lehár im erotischen Tango *Wie seid ihr Männer alle doch so leicht zu fangen.* Ziehrer argwöhnt, «daß der Tango den Wiener Walzer verdrängt». Er ruft alle «Wiener Frauen und Mädchen» zum Protest gegen diese «Geschmacksverirrung»[288] auf. Die Angriffe eskalieren, als Ludwig Fulda zur Berliner Premiere mit Fritzi Massary in Montis Operettentheater Plagiatsklage[289] gegen die Librettisten erhebt. Zwar wird die Klage abgewiesen, Lehár aber trennt sich von dem Autorenduo Julius Brammer/Alfred Grünwald.

Am Theater an der Wien wäre *Die ideale Gattin*, die am Tag nach der Premiere auch Puccini hörte, sicher mehr als 110-mal gegeben worden, hätte sie nicht einem weiteren Lehár[290] weichen müssen: *Endlich allein* (30. Januar 1914). Die Autoren Willner & Bodanzky hatten ihn drei Jahre lang *zu waghalsigen Experimenten verlockt [...]. Als Rekord möchte ich den von Willner verfaßten zweiten Akt [...] anführen, der lediglich zwischen zwei Personen spielt, ein in der Operette einzig dastehendes Faktum, das allgemein als Wagnis ohnegleichen bezeichnet wurde.*[291] Eine reiche, für alpinen Sport empfängliche Amerikanerin (Mizzi Günther) lässt sich von einem «Fremdenführer» (Hubert Marischka) zu einer riskanten Bergbesteigung überreden. Alle musikalischen Naturschilderungen in *Fürstenkind* und *Zigeunerliebe* überbietet Lehár in einer Bergsymphonie, die von zwei Stimmen kommentiert wird. *Am meisten reizte mich das Außergewöhnliche, für mich Unvorhergesehene! [...] so suchte ich nach Büchern, die mir bisher unbetretene Pfade wiesen, mir Möglichkeiten eröffneten, die abseits von bequemen Promenadenwegen lagen, und mir Aufgaben stellten, deren Schwierigkeiten meine Schaffenslust sozusagen verdoppelten.*[292]

Vermehrte Schaffenslust verhieß ihm das Sujet *Pacsirta* von Ferencz Martos, der für Huszka, Jacobi, Aladár Rényi und Kálmán tätig war. Lehár hatte noch keine ungarische Direktvorlage vertont. Hausgenosse Willner und der Grünbaum-Kompagnon Heinz Reichert besorgen die deutsche Fassung *Wo die Lerche singt.*[293] Diese vertont Lehár, neben der ungarischen, vom 20. Mai 1914 an in Wien und setzt die Arbeit am 24. Juni in Ischl fort. Vier Tage später erschießt der bosnische Student Gavrilo Princip in Sarajewo den Thronfolger Erzherzog Franz Ferdinand mit Gattin Sophie von Hohenberg und löst den Weltkrieg aus. Rund 75 Prozent der wehrfähigen männlichen Bevölkerung «Kakaniens» werden einberufen, darunter Major Anton Lehár und Hauptmann Stefan Pawlas, Lehárs Schwager. Lehár bleibt als drittes Familienmitglied verschont.[294]

Dem Bruder, der als Frontkommandant an der Weichsel gegen russische Soldaten kämpft, schreibt er aus Ischl: *Vorgestern spielte ich der Frau Schratt mein Kriegslied (Text von I. Schnitzer), gesungen von Fritz Werner, vor. Sie war zu Thränen gerührt und sagte, daß sie es dem Kaiser mitteilen wolle. […] Morgen ist der 18. August/: Kaisers Geburtstag:/Ich dirigiere im Kursalon.*[295] Drei Wochen später wird Anton durch Schüsse in linkes Handgelenk und Oberschenkel verletzt. Auf Stöcke gestützt, kehrt er nach Wien zurück und arbeitet im Kriegsministerium.

Kaiser Franz Joseph I., um 1914

Die letzte Reiterschlacht der Weltgeschichte bei Jarosiavice / Galizien (21. August) dokumentiert Lehár am 5. September mit der Komposition des *Reiterlieds 1914* (Hugo Zuckermann) und beginnt damit den Liederzyklus *Aus eiserner Zeit.* Am 4. Oktober folgt im Raimund-Theater das Zeitbild *Komm, deutscher Bruder,* zu dem Eysler und Lehár die Musik[296] beisteuern. Alban Berg rät «dem

Herrn Lehár, einen Walzer ‹Schulter an Schulter› zu pforzen, dem Herrn Eysler, ein sentimentales Lied ‹Unsere armen Soldaten im Schützengraben› zu kotzen. Eine ‹Krüppelgavotte› würde ich vor allem für Herrn Oscar Straus reservieren.»[297] Dass «der Lehár, dieses Schwein»[298], vom Kriegsdienst befreit sei, Arnold Schönberg aber nicht, empörte Anton von Webern, der 1910 in Teplitz den *Grafen* mit Unlust dirigiert hatte.

Nervös verfolgt Lehár am 5. April 1915 drei unterschiedliche Projekte: das Lied *Vorwärts*, die Tondichtung *Fieber* sowie Skizzen zur *Lerche*[299]. «Kriegsoperetten»[300], wie sie die Berliner Kollegen Rudolf Nelson («Der Kaiser rief»), Walter Kollo («Immer feste druff!») und Jean Gilbert («Kam'rad Männe») beitrugen, mögen die Wiener nicht hören. Mit «Gold gab ich für Eisen» von Léon und Kálmán, das im Theater an der Wien vom 18. Oktober 1914 bis zum 1. November 1916 82-mal auf dem Programm[301] steht, scheint die Vermarktung von Kriegsereignissen bereits beendet.

Die Ablenkungs-Operette obsiegt mit Erfolgen, wie sie die Geschichte nur in den Jahren 1905 bis 1909 gekannt hatte: im Johann-Strauß-Theater mit Kálmáns «Csárdásfürstin» und «Faschingsfee», im Raimundtheater mit Schubert-Bertés «Dreimäderlhaus», im Theater an der Wien mit Falls «Rose von Stambul»; in Berlin mit Jessels «Schwarzwaldmädel» und Walter Kollos «Drei alte Schachteln».

Lehár setzt ab März 1915 die Arbeit an der *Lerche* fort und notiert im Skizzenbuch[302] die Melodien zum Projekt *Mein Bruder Franz* (1. März, Wien) oder *Der reine Tor* (7. Juli, Ischl), das Ende Oktober *Sterngucker* heißt: *dem Idealisten, der in höherm Regione schwebt und von den Menschen nichts weiß.*[303] Lehárs neuer Mitarbeiter ist der böhmische Satiriker Dr. Fritz Löhner (Löhner-Beda), der seit 1910 in Wien Einakter für Ascher, seit 1914 mit Karl Lindau Operetten für Eysler und Richard Fall getextet hat. Vorweggenommen sei, dass mit Löhner der später erfolgreichste Lehár-Librettist zwischen *Friederike* und *Giuditta* angeworben und eingearbeitet wurde.

Der Sterngucker war ein Schmerzenskind, das zahlreiche Umarbeitungen, unter anderem von Willner und Carlo Lombardo *(La Danza delle Libellule; Libellentanz)* erfuhr. Mit Treumann und Louise Kartousch machte *Der Sterngucker* am 14. Januar 1916 in Jarnos Theater in der Josefstadt das Publikum ratlos. Keine großen Finale- und Chorszenen mehr, keine zündenden Märsche, Walzer, Mazurken. Vorhang auf für zwei Mädchen, die am Klavier ein *Salonstück* spielen, für ein Singspiel leiser Töne, des Vornehm-Musikantischen. Im Mittelpunkt ein weltverlorener Träumer, der sich verloben soll und dies an einem Abend gleich mit drei Mädchen probiert, ehe er am Ende mit Lilly über den Wolken schwebt. Zuvor singen Kitty und Paul *Und der Herrgott lacht, weil's ihm Freude macht, daß alles gar so schön hernieden ist.* Mit diesem Lied, das textlich dem Weltkriegsalltag völlig widersprach, konnte Lehár die Herzen der Frontsoldaten, der Verwundeten und Kranken in Frankreich erwärmen. Diese Traummelodie durfte nicht sterben. Dreizehn Jahre später wird sie Richard Tauber in *Schön ist die Welt* zum Text *Liebste glaub' an mich* singen.

Am 12. April 1916 treten Kálmán und Lehár gemeinsam zur Truppenbetreuung in Preßburg an. Lehár dirigiert mit der Budapester Honvédkapelle die Uraufführung einer harmonisch kühnen dramatischen Szene für Tenor und Orchester: *Fieber.* Einen Monat später sieht Lehár das zerstörte Lille und dirigiert vor Offizieren und Mannschaften im Stadttheater den *Grafen von Luxemburg*, ein Gastspiel des Leipziger Operettentheaters. *Alles spielte mit größter Begeisterung vor ausverkauftem Haus. Bei einer Pianostelle hörte man das Knattern eines Maschinengewehrs, ein Zeichen, daß ein feindlicher Flieger über der Stadt kreiste. Nach der Vorstellung erfuhren wir, daß ein englischer Flieger abgeschossen worden war.*[304]

Ein halbes Jahr später stirbt Kaiser Franz Joseph in Schönbrunn. Im Theater an der Wien spielt man 77-mal den *Sterngucker* in Willners Umarbeitung. Dieser Erfolg wird übertroffen: Leo Falls «Rose von Stambul» erreicht fast so viele En-suite-Aufführungen wie *Die lustige Witwe.* Das Libretto stammt ausgerechnet vom Duo Brammer/Grünwald, dem Lehár nach der *Idealen Gattin* voreilig die Gunst entzogen hatte. Missmutig arbeitet Lehár an der *Lerche* weiter, erledigt Gastspiele in Konstantinopel, Zürich und Budapest. Nach mehr als drei Jahren wird die Partitur[305] abgeschlossen, am 1. Oktober 1917 der burleske *Golden-foxtrot* nachgetragen. Wollte sich Lehár auf eine Zukunft in den USA vorbereiten?

Die Uraufführung von *Pacsirta*, Lehárs erster Operette in ungarischer Sprache, erfolgt am 1. Februar 1918 im Budapester Königlichen Theater. Am Premierentag meutern die Matrosen der k. u. k. Kriegsflotte in Süddalmatien. Streikende fordern das Ende des Krieges. In dieser Zeit der Gefährdung suchen viele Budapester Trost bei Lehár, als wären seine Lieder und Tänze ein Therapeutikum. Schon Anfang Mai ist die hundertste Aufführung erreicht.

Inzwischen hat das Theater an der Wien am 27. März, wenige Wochen nach dem Friedensschluss der Mittelmächte mit den Sowjets, die deutsche Fassung *Wo die Lerche singt* herausgebracht. Wie beim *Rastelbinder* typisiert Lehár den Gegensatz von Dorf und Stadt. Das Bauernmädel Margit (Kartousch) folgt dem Maler Sándor (Marischka) nach Budapest und inspiriert ihn zu einem Bild, das ihn reich macht. Doch Margit findet den Weg zur Heimat und zu ihrem Verlobten zurück. Alle Personen, auch Sándors Stadtgeliebte Vilma (Betty Fischer) und Margits Großvater Pál (Ernst Tautenhayn), sind von Lehár individuell charakterisiert. Seine Volksliedanklänge (Margits *Durch die weiten Felder*) wirken ebenso stimmig wie die Gegenwelt großstädtischer Vergnügungen (Sándors Walzer *Heut' hab' ich das Glück beim Schopf gepackt*) und die mitreißende Rhythmik ungarischer Tänze.

«Es war der Weltkrieg gewesen, der die unterschiedlichen Bedingungen von Stadt- und Landleben verstärkt ins Bewußtsein gerufen hatte, flüchteten doch zahlreiche Städter aufs ‹Land›, wo man ungleich weniger gefährdet war und viel leichter Nahrung finden konnte. […] Vor dem Hintergrund des Ersten Weltkrieges gewinnt die Fabel vom alten Bauern Török Pál und dessen Enkelin Margit jedenfalls eine unvermutete Aussagekraft.»[306]

Lehár hat einen Nerv getroffen. Mit der *Lerche* überlebt er das Ende der Habsburger Monarchie. Im Juni 1918 erhält sein Bruder für die Rettung von Menschenleben an der Piavefront die Goldene Tapferkeitsmedaille. Einen Monat später verleiht ihm Kaiser Karl das Ritterkreuz des Maria-Theresien-Ordens, zugleich die ungarische Baronie. Neben Linienschiffsleutnant Gottfried Freiherr von Banfield avanciert Freiherr Anton von Lehár zum höchstdekorierten k. u. k. Offizier.[307] Der *Chodel-Marsch* und der *Piave-Marsch* (auch *Baron-Lehár-Marsch*) halten diese Ehrungen musikalisch fest.

Lehárs Lieder und Märsche möge man als Begleiter des Kriegsgeschehens, als musikalische Zeitzeugen analysieren: *Karpatenwacht, Sibirische Wacht, Gendarmerielied (Wir sind die Gendarmen im Buchenland), Bukowiner Helden-Marsch, Küstenschutzlied, Lied der Artillerie (Salve Sancta Barbara), Minensucher-Marsch, Elbewache-Walzer, Kövess-Marsch, Horthy-Marsch.* Nach Auflösung des Regiments im November optieren die Lehár-Brüder für die ungarische Staatsangehörigkeit. Der Geburtsort von Lehár Ferencz liegt nun in der Tschechoslowakei (heute: Slowakei), und seine Wohnsitze verbleiben im österreichischen Wien und Bad Ischl. Die Auflösung «Kakaniens» trifft ihn nicht unvorbereitet. Lehárs Operetten sind längst zu «Exportartikeln»[308] geworden. Es war sein Verdienst, in Wien «die Operette der Welt geschaffen zu haben».[309]

«Hab' ein blaues Himmelbett»

Wie's aber da drin aussieht, geht niemand was an. Zu diesem Text notiert Lehár am 30. Dezember 1917 in Wien mehrere Melodien.[310] Léons Libretto *Die gelbe Jacke* liegt ihm vor. In Ischl vermerkt er am 13. Juli 1918 – von der Italienfront kamen schlechte Nachrichten – ein chinesisches Motiv, auf der Rückseite das Motiv *Blanka (Blaue Mazur).*[311] Einen Monat studiert er das polnische Sujet, wechselt am 12. August zur *Gelben Jacke,* skizziert die *Introduktion* zum II. Akt (Nr. 7), einen Tag später *Von Apfelblüten einen Kranz* (Nr. 4) und *Immer nur lächeln* (Nr. 3). Er hat, im Rückwärtsgang durch das Libretto, «seinen» Stil für die *Gelbe Jacke* gefunden. Am 16. August notiert er zu *Tanzt der Pole die Mazur* mehrere Melodien, den Text mit Rotstift schräg angesetzt. Am nächsten Tag folgt zur *Gelben Jacke* das *Drachenlied,* am 23. August die *Große Einleitung* und das Heimatlied *Ich möcht' wieder einmal den Prater seh'n* (Nr. 9). Nach einem Monat unterbricht Lehár diese Arbeit.

Die blaue Mazur spielt noch in Schlössern in und bei Wien. Das Sujet war geplant, ehe im November 1918 die Republik Polen entstand. Zur selben Zeit danken Kaiser Wilhelm II. und Karl I. ab. In Wien herrscht Not: wenig Nahrung, die Heizung fällt aus, nachts gibt es kein Licht. Lehár erkrankt. Mit Mühe schreibt er die Walzer *Aus der guten alten Zeit* und *An der grauen Donau (Donaulegenden).* Ab Januar 1919 ergänzt er die Finalteile der *Blauen Mazur* und sitzt vom August an drei Monate an den Schlüssen der *Gelben Jacke.*

Lehár muss Geld verdienen, im Theater *täglich dirigieren*[312]. Anfragen aus Brünn, Berlin, Italien, Holland, Nord- und Südamerika sind ehrenvoll, die realisierten Dirigate unterbezahlt. *Alles in großer Hetzjagd für nichts.*[313] Er geht April 1920 an die Partiturreinschrift[314] zur *Blauen Mazur* und endet am 25. Mai auf Seite 339. Drei Tage später dirigiert Lehár die Premiere am Theater an der Wien zur Nachfeier seines 50. Ge-

Diese Foto-Postkarte schickte Lehár am 10. März 1920, unmittelbar vor der Reise nach Mailand, an seine Schwester Emmy.

burtstages. Betty Fischer, Hubert Marischka, Louise Kartousch und Ernst Tautenhayn singen die Hauptrollen.

An der noch immer wichtigsten Operettenbühne der Welt bestätigt *Die blaue Mazur* mit 333 Aufführungen die dominante Rolle Lehárs zwischen 1918 und 1924 bis zu Kálmáns «Gräfin Mariza». Ein letztes Mal war, fünfzehn Jahre nach der *Witwe*, Leo (Rosen-)Stein tätig; er hatte kurz vor seinem Tode in Béla Jacobovits (Jenbach) einen neuen Lehár-Librettisten eingearbeitet.

Der Sonderzweig der «Polenoperette» setzte 1873 am Wiener Carl-Theater mit Johann Brandls Charakterbild «Der polnische Jude» ein. Millöcker («Der Bettelstudent»), Roth («Der Polengraf»), Gilbert («Polnische Wirtschaft») und Nedbal («Polenblut») garantierten weitere Bühnenerfolge. «Die *Mazur*-Partitur […] gehört zu Lehárs frischesten und erfindungsreichsten. Ihre vollblütigen Krakowjak- und Polonaise-Rhythmen werden von Liedern, Märschen und Walzern unterbrochen, denen allen eine rare Weitbogigkeit gemeinsam ist und ein inspiratorisches Feingefühl, das Perfektion heischt […].»[315] Diesmal fehlen amerikanische Modetänze. Das polnische Ko-

Lehár als Geiger, um 1920

lorit ist von Volksliedern und Frédéric Chopins Mazurken abgeleitet. Dazu erblüht das Orchester in einem Rausch, der an den «Rosenkavalier» erinnert. Lehár sei aber kein «Richard Strauss der Operette», weil er «aus erster, nicht aus zweiter Hand»[316] erfinde.

Meine Mazur hat so kräftig eingeschlagen, daß nun in absehbarer Zeit in New York die Premiere stattfinden wird.[317] London, Paris und Warschau folgen unbehelligt, während in Berlin der Polenhass grassiert. Hier kann Lehár nur mit dem Kunstgriff, das polnische ins kroatische Milieu zu übersetzen, am 27. März 1921 *Die blaue Mazur* im Metropol-Theater dirigieren. Die Rolle der Blanka singt die kroatische Sängerin Vera Schwarz, die spätere Tauber-Partnerin in Lehár-Premieren.

Neben *Blauer Mazur* und *Gelber Jacke* arbeitet Lehár 1920 an einem dritten Projekt. Unterm Datum 6. Januar steht in einem Wiener Skizzenbuch die Eintragung *Boston Walzer*, zwei

Tage später: *Amerika.*[318] Wie üblich hat Lehár mit dem Schlussgesang begonnen: *Was Du einmal hast verlangend im Traum Dir erdacht.* Das Sujet heißt *Frasquita*: eine «Carmen»-Variante mit glücklichem Ausgang, von Willner und Reichert. Das Zigeunermädchen *Frasquita* und der Fabrikerbe Armand demütigen einander, bis sie sich am Schluss doch in die Arme sinken.

Nach den Feierlichkeiten zum 50. Geburtstag Lehárs erkrankt seine Lebensgefährtin Sophie und soll sich in Ischl erholen. Doch die Villa ist vom Hochwasser *fast bis zum 1. Stock* verwüstet. *Der Aufenthalt war hier kurz – aber ich habe viel ausgerichtet. Die Skizzen für eine spanische Operette: «Frasquita» sind alle 3 Akte fertig.*[319] In dieser Tanzoperette gibt es die Valse espagnole, den Bolero und den Tango, Castagnetten und knisternden Sex. Die freizügigste Bühnendarbietung erfolgt im Finale II, wenn Frasquitas Tanz von *8 Nackttänzerinnen*[320] eingeführt wird. Hierzu erklingt in c-moll eine hinreißende Melodie im Rhythmus des Bolero cubano und der Habanera.

Ende November in Wien zurück, erstellt Lehár den Klavierauszug[321] zur *Frasquita* innerhalb von zehn Wochen. Die Weiterarbeit wird 1921 unterbrochen, weil er in mehreren Städten dirigiert und in Wien am 9. September *Die Tangokönigin* herausbringt, eine Bearbeitung der *Idealen Gattin.* Ins Apollo-Theater an der Gumpendorfer Straße strömt das internationale Publikum der Ersten Wiener Nachkriegsmesse. Die ungarische «Femme fatale» Ida Ruska[322] brilliert mit pikantem Kleiderwechsel, doch «leider wird das Vergnügen durch zahlreiche Dialog-Albernheiten und Gesangstext-Banalitäten beeinträchtigt».[323] Brammer/Grünwald hatten den Erfolgswalzer *Was ich längst erträumte*[324] eliminiert. Später ist Lehár, wie 1937 am Opernhaus Zürich[325], zur Altfassung der *Idealen Gattin* zurückgekehrt. Das Apollo wurde 1929 zum ersten Wiener Großkino[326] umgebaut, zur Premierenbühne auch für Lehár-Filme.

Fünf Wochen nach der Messe-Novität beginnt Lehár in Ischl mit der Instrumentation der Finalteile[327] von *Frasquita.* Einer Unterbrechung von wenigen Wochen entstammt der Einakter *Frühling:* ein Dachkammerstück um einen Komponisten und einen Dichter mit ihren Mädels. Mozart- und Schubert-

Zitate, Walzer, Foxtrott, Onestep und Shimmy lösen einander ab. Wohnungsnot und Wirtschaftskrise sind thematisiert: ein «Sonderfall», «abseits des Operettenalltags»[328]. Am 20. Januar 1922 hat das Werk in der Hölle Premiere. Die abendfüllende Version *Frühlingsmädel*[329] brachte der Texter Rudolf Eger 1928 als Oberspielleiter des Berliner Theaters am Zoo zur Wirkung.

Ehe Lehár im April 1922 die Partitur der *Frasquita* vollendet, notiert er am 2. März eine D-Dur-Melodie: *Herr Uher! Bitte um 2 Abschriften.*[330] Diese erhalten Willner und Reichert zur Textunterlegung: *Schatz ich bitt' dich, komm heut Nacht [...]. Hab ein blaues Himmelbett.* Damit ist die Spezies des *Tauber-Liedes* im Zweiten Akt erfunden. Ein Welterfolg war geboren. Die pentatonisch schaukelnde Romanze des *Frasquita*-Liebhabers Armand moussierte zur «Verführungsmelodie der Verliebten in allen Weltzonen».[331] Tonträgerstars wie Hubert Marischka, Richard Tauber, Peter Alexander, Peter Anders, Nicolai Gedda, Johannes Heesters, Heinz Hoppe und René Kollo haben dieses Lied eingesungen. Vom betörenden Sänger Armand «führt der Weg deutlich zu *Paganini, Zarewitsch, Friederike* und *Land des Lächelns* – wie noch kein Held einer Lehár-Operette vor ihm».[332]

Analog: von der Zigeunerin *Frasquita* führt der Weg direkt zu *Giuditta.* Die Premiere der *Frasquita* findet am 12. Mai 1922 im Theater an der Wien statt. In der Titelrolle: die verführerische «Betty Fischer, die schön ist und schön singt». Den Armand singt «Marischka, der die Feinheit des Humors besitzt»[333]. Am 10. Juli übernimmt Richard Tauber dessen Partie. «Keiner der beliebtesten tenoralen Herzensbrecher der Operette vermag ihn an Glanz und Kraft der Stimme auch nur annähernd zu erreichen! [...] Kaum war Tauber eingesprungen, gab's an den heißesten Abenden ausverkaufte Häuser.»[334] Lehár saß «selbst am Dirigentenpult, und man merkte ihm die schwelgerische musikalische Freude an, als Richard Tauber in seiner vollendeten Gesangsmanier die feinsten Reize der Partie unter stürmischem Jubel des Publikums bloßlegte. Geradezu wundervoll erklang sein Piano in der Romanze des zweiten Aktes.»[335] Mit den Da Capos erprobt Tauber erstmals den Lehár'schen Schlussschnörkel. Dessen Mittelteil *Ein Glück dir winkt* mit den Tönen D cis h A / h g fis A übernimmt Lehár zwei Monate später in der Skizze[336] zur *Gelben Jacke.* Léons Text: *Lebt in der Seele uns nicht Gottes Hauch.* Löhner / Herzer sieben Jahre später: *Dein ist mein ganzes Herz.*

«Nächstens wird der Herr Kammersänger in einem prunkvollen Lehárzyklus [...] auch die Tenorpartien in *Zigeunerliebe* und im *Fürstenkind* singen! Und die Hauptrolle der kommenden *Gelben Jacke,* die Lehár speziell für Tauber stimmlich pointiert.»[337] Tauber singt im Dezember unter Lehárs Leitung nur den Józsi der *Zigeunerliebe.* Drei Monate später kreiert nicht Tauber, sondern Marischka die Starrolle des Sou-Chong in der *Gelben Jacke.* Ein Lizenzenschacher hatte den Ausschlag gegeben. Für Taubers «Erfindung» der Gesamtertragsbeteiligung – moderate Abendhonorare plus «Beteiligung an den künftigen Erträgnissen der Operette»[338] unter Absenkung der Autorenlizenzen – war Lehár nicht zu gewinnen. Andere aber, Oscar Straus («Die Perlen der Cleopatra» mit Fritzi Massary zu einem

Erste Skizze zu «Dein ist mein ganzes Herz», September 1922

«Viertel der Bruttoeinnahme»[339]) und Bruno Granichstaedten («Bacchusnacht» mit Marischkas Bruder Ernst als Librettist) ließen sich auf diesen Handel ein. *Marischka ist ein Kapitel für sich. Schon jetzt würde es sich lohnen, einen Roman über seinen Lebenslauf zu schreiben. Er ist der raffinierteste Mensch, der mir je untergekommen ist.*[340]

Die gelbe Jacke galt als Familienvermächtnis, das Léon, Tochter Lizzi, Schwiegersohn Marischka und Lehár in Freundschaft verband. In einem weihnachtlichen Gespräch entwickelte Lizzi Marischka-Léon 1917, kurz vor ihrem unerwartet frühen Tod, die Idee zur *Gelben Jacke*. Lehár hielt einige pentatonische Melodien im Skizzenbuch[341] fest. Lizzis Vater führte das Buch aus. Schon 1918 war der Vertrag mit Karczag unterzeichnet. Aber erst am Weihnachtstag 1922 vermag Lehár den Klavierauszug abzuschließen. An der Partitur schreibt er achtzehn Tage und Nächte bis zwei Tage vor der Uraufführung, die am 9. Februar 1923 im Theater an der Wien stattfindet. Mit den Damen Kartousch und Fischer, den Herren Karl Tuschl, Anton Matscheg, Josef König und Hubert Marischka findet die *Gelbe Jacke* durchaus Beachtung. «Es gab einen Jubelsturm, der den dirigierenden Meister Lehár, Direktor Karczag, Regisseur [Emil] Guttmann samt den Hauptdarstellern beispiellos oft hervorrief [...].»[342]

«Für das Chinesische hat Franz Lehár sich in Melodie und Rhythmik einen ganz eigenen aparten Stil zurechtgelegt, der vielleicht aus Originalquellen schöpft, aber dabei in jedem Takt die raffinierte, einschmeichelnde Marke Lehárs trägt.»[343] Doch die Kraus-Prophezeiung schien erfüllt: «Die volkstümliche Wiener Theaterkunst ist einem Konsortium von Jobbern in die Hände gefallen [...].»[344] Der «Jobber» Marischka setzt *Die gelbe Jacke* nach Lehárs 53. Geburtstag ab, um einer überlangen «Bacchusnacht»[345] zu frönen. Lehár ist auf die Nebenbühne des Stadttheaters Skodagasse 20[346] verwiesen, die der Direktion Karczag-Marischka untersteht. Vom 31. März an wird der *Libellentanz (Die drei Grazien)* gegeben: eine Willner-Übersetzung jener *La Danza delle Libellule*, die Lombardo und Lehár 1922 für das Mailänder Teatro lirico nach der *Sterngu-*

cker-Vorlage erarbeitet hatten. Filme, Modenschauen, Eislaufballett, lebende Lampenschirme und andere Revueeffekte bestimmen das Bühnengeschehen. Das war Lehárs Sache nicht. Mit Karczags Tod am 11. Oktober 1923 ist die Karczag/Lehár-Epoche, die 1902 begonnen hatte, beendet. Lehár löst sich vorübergehend vom Karczag-Verlag und entzieht dem Theater an der Wien das Uraufführungsrecht.

Im Kontrast zur «Tenor-Operette» (Tauber ist nicht verfügbar) schreibt Lehár für die ebenfalls aus Linz stammende Soubrettentänzerin Louise Kartousch eine Schwankoperette. Erstmals verbindet sich Lehár mit den Direktoren Oscar Fronz und Siegfried Geyer vom Bürgertheater[347], das seit dem «Unsterblichen Lump» (1910) eine Eysler-Domäne ist, aber auch Operetten von Kálmán, Weinberger, Kollo, Straus, Ascher, Benatzky, Paul Knepler, Jessel und Stolz[348] darbietet. Der schon legendäre Ischler Sommer hat das Projekt *Cloclo (Clo-Clo)* des ungarischen Librettisten Jenbach reifen lassen.

Lehár beginnt mit dem Skizzieren am 24. August und arbeitet wie befreit. Den Klavierauszug[349] bringt er im Wiener Arbeitszimmer zwischen dem 5. und 14. Februar 1924 in der Rekordzeit von neun Tagen in Reinschrift. Unmittelbar danach, am 20. Februar, heiratet er seine langjährige Lebensgefährtin Sophie Meth, geborene Paschkis, in Wien.

Am 8. März 1924 präsentiert das «Bürgertheater» erstmals *Cloclo*. Neben der Kartousch agieren Gisela Werbezirk (Melousine), Ernst Tautenhayn (Severin Cornichon, Cloclos «Papachen») und Robert Nästlberger (Cloclos Liebhaber Maxime). Regie führt Gustav Charlé. In *Cloclo* ist das Orchester um modernes Schlagzeug und Saxophone ergänzt, die der jazzbegeisterte Eduard Künneke 1926 in der «Lady Hamilton»[350] übernimmt. Lehár praktiziert virtuos das «Überkreuz-Verfahren»: Modetänze wie Java, Blues, Tango, Shimmy, Onestep und Foxtrott begegnen der kontrapunktisch verästelten neuen Musik; Avantgardistisches von Claude Debussy, Béla Bartók und Igor Strawinsky erfährt eine spielerisch-heitere Umwandlung. «Dabei entstehen nicht nur musikalisch, sondern auch szenisch aufschlussreiche Reibungen zwischen der vulgären Physiogno-

Bühnenbild-Entwurf aus dem Regiebuch von «Cloclo», 1924

mik des jeweiligen Tanzes und seiner eleganten Maskierung durch den unverwechselbaren Lehár-Ton.»[351] Der Geist Offenbachs schwebt über dem Werk: «Eine ganz ausgelassene Fabel [...]. Irgendwie verbreitet das ganze Werk etwas von ‹Fledermaus›-Stimmung.»[352] Die Kritiker reagieren verblüfft: «Franz Lehár, der Stammvater der elegischen Operette, ist wieder lustig geworden. Gott sei Dank, möchte man sagen!»[353] Er musiziere «in einer charmanten, geistvollen Art» eine Schwankmusik mit «fesch wirbelnden, skrupellos melodiösen und ausgelassen rhythmischen Tanz- und Gesangsgassenhauern».[354]

Schon einen Monat später verlangt das Budapester Publikum nach *Cloclo* und Lehár. 1930 hält *Mamselle Cloclo* Einzug in «ihrer» Stadt Paris. «*Cloclo* ist Lehárs einziges Bühnenwerk, das weiter nichts entfacht als ausgelassen motorische, unermüdliche Situationskapriolen. Nichts von Gemütsschmelz, Problemgeplänkel und Talmitragik, womit er [...] ab *Paganini* seine späteren Operetten beschwert. Im nachhinein entsteht so der Eindruck, Lehár habe – wie am Polterabend, bevor es ernst wird – ein allerletztes Mal noch desto toller unprätentiöses musikalisches Lachtheater gemacht.»[355]

«Willst du ...»

Von Marischkas Revuestil enttäuscht, ist Lehár mit 53 Jahren gezwungen, eine neue «Lehár-Bühne» zu finden. Tauber scheint für Lehár verloren. Anfang Februar 1924 gibt Tauber seinen «Abschied von der Operette» bekannt. Er habe einen glänzenden Vertrag mit der Wiener Staatsoper abgeschlossen. Sie beanspruche ihn neben Dresden und Berlin im ernsten Fach. Aber: «In einem stillen Herzenskämmerlein schläft das herzlich lachende *Schatz ich bitt' dich, komm' heut' Nacht*-Gesicht, um früher oder später wieder aufzuwachen und auszurufen: ‹Grüß Gott! Da bin ich wieder!›»[356]

Die Hauptpartien seiner Operetten komponierte Lehár für erlesene Sängerinnen und Sänger: zuerst für die Altstars der «Goldenen Ära», Girardi und Streitmann, seit dem *Rastelbinder* für das Duo Mizzi Günther/Louis Treumann, für Louise Kartousch (seit 1908), Max Pallenberg (1909), Hubert Marischka (1910), Paul Guttmann, Ernst Tautenhayn (1911), Betty Fischer (1916). Von diesen Stars der ersten Lehár-Epoche stand nach 1923 am Theater an der Wien niemand mehr zur Verfügung.

Ein halbes Jahr später war es so weit. «Im Sommer 1924 wirkte ich bei den Salzburger und Münchener Mozartfestspielen mit. In meinen freien Tagen fuhr ich von Salzburg immer nach Ischl zu meinem Freunde Franz Lehár, der damals gerade am *Paganini* arbeitete. Ich wohnte bei ihm in seiner reizenden Villa, und er spielte mir alle paar Stunden etwas neu Komponiertes aus dem *Paganini* vor [...]. Lehár zeigt auf sein vor ihm auf dem Flügel stehendes Skizzenbuch und bittet mich, leise die Melodie mitzusingen, die da aufgezeichnet steht: *Gern hab' ich die Frau'n geküßt.* Ich tat es und war von diesem Augenblick an so stark im Bann des Liedes, daß wir noch gute zwei Stunden – Zeit und Ort vergessend – mit der Ausfeilung dieses Liedes verbrachten.»[357]

Tauber kam am 16. Mai 1891 in Linz als Richard Denemy zur Welt. Seine Mutter war Operettensoubrette, sein Vater Schauspieler. Von Kind an war der Theaterbetrieb seine zweite

Heimat. Am Frankfurter Hoch'schen Konservatorium hat er Klavierspiel, Komposition und Dirigieren studiert. Schon zum 1. August 1913 ist der Zweiundzwanzigjährige als Tamino an die Königliche Hofoper Dresden verpflichtet – nach kaum zwei Jahren Gesangsunterricht beim Chordirektor Karl Beines[358] in Freiburg im Breisgau. Er singt die lyrischen Tenorpartien von «Freischütz» bis «Madame Butterfly», 1915 den Barinkay im «Zigeunerbaron», in Berlin am 20. August 1920 erstmals Lehár: den Józsi der *Zigeunerliebe.*

Den singt er auch im Sommer 1921 am Salzburger Stadttheater und lernt in Ischl Lehár kennen. «Warum sollte ich, der Mozart singt, eine schöne Melodie bloß deshalb nicht singen dürfen, weil sie von einem so eminenten und in seiner Art sicher genialen Musiker wie Lehár geschrieben wurde?»[359] Lehár sei ihm in der *Zigeunerliebe* und *Frasquita* «in weitestem Maße entgegengekommen»[360] – anders als in modernen Opern, «die [...] sich in harmonischen und klanglichen Tüfteleien ergehen».[361]

Die mit *Cloclo* eröffnete Chance, zum «Offenbach des 20. Jahrhunderts» zu werden, hat Lehár Tauber zuliebe preisgegeben. Lehárs neues Konzept lautet, dem Mozartsänger Tauber schöne Melodien individuell anzupassen, die «opernhaften Situationen» zu verstärken, der «Tanzoperette» ade zu sagen und eine neue Art der «Gesangsoperette» zu schaffen: die Tauber-Lehár-Operette.

Schon sechzehn Monate vor dieser Begegnung war *Paganini* in Arbeit. Die *Gelbe Jacke* lief noch in Wien. Am Vorabend zum 53. Geburtstag überbrachte Viktor Wögerer Lehár *ein Libretto ohne Verfassernamen.* Im Mittelpunkt steht der Geigenvirtuose Niccolò Paganini. Lehár denkt an die Violinsoli seiner Militärzeit. *Schon die erste Szene mit dem faszinierenden Geigenspiel aus der Ferne macht mich stutzig. Ich lese weiter, und Musik, Musik strömt mir aus jeder Gestalt, aus jeder Situation entgegen.*[362] *Ich war so gepackt, daß ich mich sofort zum Schreibtisch setzte und die ganze Nacht hindurch, ohne Unterbrechung, förmlich in einem Trancezustand, den ersten Akt [...] in den musikalischen Umrissen skizzierte. Völlig erschöpft stand ich gegen Morgen vom Schreibtisch* auf *[…].*[363] Nach neun Seiten signiert er: *Mein Geburtstagsgeschenk vom lieben Gott! 30. 4. 1923 ¼ 10 h Abend den Akt begonnen, um ¼ 2 h fertig komponiert! Lehár Fz.*[364]

Die nächsten Maitage komponiert Lehár am zweiten Akt, Ende August am dritten. Dann hat *Cloclo* Vorrang, dessen Librettist Jenbach am *Paganini* mitarbeitet. Die Buchidee zum *Paganini* stammte vom Buchhändler Paul Knepler, der zwei Jahre zuvor als Komponist und Librettist der «Josefine Gallmeyer» am Bürgertheater einen Ersterfolg verbucht hatte. Erst im August und September 1924 überreicht Lehár seinen Librettisten in Ischl die Hauptmelodien zur Textunterlegung.

Die *Paganini*-Skizzen im Gepäck, reist Lehár im Frühjahr nach Paris zur Stummfilm-Premiere der *Lustigen Witwe*, von Erich von Stroheim in Hollywood mit Mae Murray verfilmt. In Paris beginnt Lehár am 3. Mai mit der Reinschrift des *Paganini*-Klavierauszuges und schickt Teile an Herrn Becker, den Stecher des Crescendo Theaterverlags Berlin. Nach sechs Wochen ist der Klavierauszug[365] in Wien abgeschlossen. Mitte August kommt Heinz Saltenburg, Direktor des Deutschen Künstlertheaters Berlin, nach Ischl. Die Darbietung des *Paganini* durch Tauber und Lehár führt zum Vertragsabschluss. Garantiert werden 50 Vorstellungen von Ende Januar 1926 an. Saltenburg besucht auch Oscar Straus und bittet ihn um Übernahme des Massary-Projekts «Teresina»[366], das der an Krebs erkrankte Leo Fall nicht mehr ausführen kann. Fall stirbt am 16. September 1925 in Wien.

Kurz zuvor hatte die Neufassung von *Cloclo* mit der Foxtrott-Einlage *Komm, die Nacht gehört der Sünde* am Johann-Strauß-Theater eine neuerliche Lehár-Begeisterung entfacht.[367] Direktor Erich Müller überredet Lehár, ihm die Uraufführung des *Paganini* anzuvertrauen. Die Bleistift-Reinschrift der 339 Seiten starken Partitur[368] vermag Lehár erst zwei Tage vor der Premiere abzuschließen. Einige *Paganini*-Melodien sang Tauber in Berlin auf Schallplatte ein. Zur Premiere am 30. Oktober 1925 stand er aus Termingründen nicht zur Verfügung. Nun singt der Heldentenor Carl Clewing (Berliner Staatsoper) die Titelrolle. Partnerin ist die aus Ungarn stammende Emmi Kosáry (Anna

Franz Lehár, Oscar Straus und Leo Fall begegnen sich Anfang der zwanziger Jahre in Bad Ischl.

Elisa). Obwohl beide mit Lehár-Musik nicht vertraut sind, müssen Paganinis *Gern hab' ich die Frau'n geküßt* und das Duett *Niemand liebt dich so wie ich* «dreimal gesungen werden – ein Triumph auch für den fein reagierenden, sensiblen Geschmack des Wiener Publikums, das sich wie befreit fühlte: endlich wieder Gemütsmusik zu hören, endlich wieder die Gesangsoperette der Suppè und Millöcker.»[369]

Einem Kritikereinwand folgend, dass «der Humor etwas zu kurz kommt»[370], glaubt Direktor Saltenburg den Berliner Vertrag kündigen zu können, wie er es mit der Carl-Zuckmayer-Premiere des «Fröhlichen Weinbergs» ebenfalls versucht hatte.[371] Vor dem Bühnenschiedsgericht erzwingen Lehár und Tauber die Vertragserfüllung zu reduzierten Bedingungen. Lehár verzichtet auf Dirigat und Honorar, Tauber auf die Hälfte der Vertragsgage. *Nun bin ich mit Paganini doch ins Künstlertheater gekommen, trotz Massary-Straus-Clique.*[372] Projektiert sind 30 Aufführungen, es werden mehr als 100. Nach der Berliner Premiere am 30. Januar 1926 umarmt Lehár Vera Schwarz und Tauber:

Richard, in diesem Augenblick bin ich künstlerisch zum zweiten Male auf die Welt gekommen.[373]

«*Paganini* ist zweifellos seine reifste, meisterlichste Partitur.»[374] Kritische Einwände betrafen nicht nur das Buch als «ödes Textgemisch»[375]. Mit einer «Handvoll süßer Schlager» laviere Lehár «an den Grenzlinien von Oper und Operette [...]»[376]. Trotz des Verlusts an Handlungsvielfalt sei es aber «ein reines Vergnügen und eitel Wonne, den Tauber und die Schwarz im zweiten Akt viel und schön singen zu hören. [...] Das ist wie ein schönes Konzert auf der Bühne.»[377] In dieser Ausrichtung scheint Lehárs *Paganini* wie geschaffen für konzertante Aufführungen, für Schallplatte, Hörfunk und Film. Schon die Berliner *Frasquita* war am 1. Oktober 1924 als erste Operettensendung der Welt[378] im Radio ausgestrahlt worden.

Taubers Karriere als Medienstar ist auch eine von und für Lehár. «Noch nie hat ein Künstler so viel Schallplattenaufnahmen gemacht, und noch nie hat man auf Platten ein solches umfassendes Können eines einzigen Sängers gehabt.»[379] Ein durch Medien angelocktes Publikum bildet zunehmend den Kern der Lehár/Tauber-Gemeinde. Ende Februar 1926 lässt Saltenburg den Komponisten doch ans Dirigentenpult. *Wunderbare Stimmung. Das beste Publikum. Gestern war der deutsche Kronprinz in der Vorstellung.*[380]

Viele Kollegen besuchen *Paganini*, unter ihnen Franz Schreker, Erich Kleiber und Leo Blech. Mit der Sängerin Carlotta Vanconti[381] fährt Tauber im Luxus-Mercedes 28 (95 PS) nach Wien, um am 18. März im Rathaus getraut zu werden. Carlotta stammt aus Hamburg, wo Tauber im Juli den *Paganini* im Operettenhaus singt. Das Publikum applaudiert so lange, bis das Tauber-Lied *Gern hab' ich die Frau'n geküßt* in sechs Variationen[382] wiederholt ist. In der vierzehn Wochen anhaltenden Erfolgsserie ist Hans Heinz Bollmann sein Nachfolger – wie in Berlin und Wien.

Wenn Lehár zurückkehrt, trifft er sich mit Künstlern zum Stammtisch im Café Museum, mit «Rittern» in der Schlaraffia, für die er Lieder[383] komponiert hat, und er glaubt, *daß die Devise von Rotary: Andern dienen, kein leerer Wahn ist.*[384] In der

Theobaldgasse empfängt er Manager und Kollegen. *Paul Whiteman aus New York war heute mit Wreede bei mir. Das ist der sogenannte Jazzbandkönig!*[385] Er hatte zwei Jahre zuvor die von Ferde Grofé arrangierte «Rhapsody in Blue» George Gershwins uraufgeführt. Auch George Gershwin besucht 1928 den bewunderten Meister und lässt sich mit ihm fotografieren.

Lehár, der bereits in *Cloclo* Saxophone verwendet hat, bezieht sie auch in den *Zarewitsch* ein. Dessen Bearbeitungsrechte wurden von den Rechtsnachfolgern der 1921 verstorbenen Autorin Gabriela Zapolska erworben. Jenbach macht Entwürfe, Reichert wird zugezogen, das Buch zum *Zarewitsch* fertig gestellt. Lehár zögert. Als er doch zustimmt, muss das Libretto Jenbachs in geheimer Mission von Künneke zurückerbeten werden. Am 16. Juli 1926 *war J. in Berlin und hat alles in Ordnung gebracht. Vor den Zeitungen halten wir aber alles geheim, sonst wird das Werk wieder alt, bevor es noch fertig ist.*[386]

Schon am selben Tag notiert Lehár in Ischl das Duett Zarewitsch / Sonja: *Bleib' bei mir […]. Hab' nur dich allein.* Am nächsten Tag folgt das Duett Mascha / Iwan: *Schaukle Liebchen, schaukle.* Am 19. Juli ist das *Wolgalied* skizziert, am 29. Juli *Warum hat jeder Frühling ach nur einen Mai?*[387] *Interessant ist das strenge Auseinanderhalten der Farbe. Hier russisch, da deutsch – dort italienisch.*[388] Dies schreibt Lehár seinem Bruder, Direktor des Musikschutzverbands in Berlin, der zur Kur in Reichenau weilt. *Ich komme rüstig vorwärts – wenn auch tagsüber das Haus voller Gäste ist. Salzburg ist leider zu nahe. Dann nehme ich aber die Nacht her […]. Die Einfälle überstürzen sich – es ist mir «unberufen» wirklich alles gelungen. Paganini geht in Hamburg glänzend. – Samstag war die 50. – Anfang September geht Leipzig. Oktober Frankfurt & München etz.*[389] Ende September notiert er Sonjas Lied *Einer wird kommen* und das Duett *Heute abend komm' ich zu dir,* am 1. Oktober das I. Finale, ferner den Charleston-Fox *Sei ein Mann.* Der Abschluss des Klavierauszuges[390] erfolgt mit dem Onestep des Großfürsten: *Weib, reizendes Weib: Druckreif […] Bad Ischl, 9. 10. 1926. Mit Gott! Lehár Fz.*

Fast drei Monate lang ist Lehár mit Tauber, nun ebenfalls Villenbesitzer in Ischl, jede Szene durchgegangen. Tauber bekundet, dass «dieses Werk [...] den Stempel meiner künstlerischen Eigenart trägt, da fast jeder Takt erst meine ‹Zensur› passierte».[391] Ende Oktober wird in Wien dem *Tauber-Lied* mit dem «Schimmel» *Sonja, Sonja, laß' dir Liebe schwören* der Librettistentext unterlegt: *Willst du, willst du, komm und mach mich glücklich.*[392]

Lehár notiert am liebsten mit Bleistiften. Doch die Partitur des *Zarewitsch* ist sauber mit Tinte[393] geschrieben, mit 425 Seiten eine der umfangreichsten. Sie wird in Wien am 9. November 1926 begonnen und zwei Tage vor der Uraufführung im Berliner Eden Hotel *Mit Gott!!! 2h früh beendet!*[394] Das *Wengerka-Lied* mit zwei kontrapunktisch geführten Saxophonen übergibt Lehár dem Drei Masken Verlag Berlin als Letztes zur Kopiatur.

Lehárs Arbeitsweise folgt einer Dreistufen-Strategie. Beim Skizzieren hält er die Hauptmelodien nach szenischem Ablauf in einem Kurzprotokoll fest. Anders beim Klavierparticell: dem Stecher schickt Lehár zunächst die «Schlager», danach die Finali, Introduktionen und Intermezzi, am Ende die Modetanz-Einlagen. Die Partiturreinschrift beginnt er mit einem voll instrumentierten Finale, dem die ausgespart orchestrierten Nummern (im Rückwärtsgang) zugeordnet werden.

Da stoppt Direktor Saltenburg alle Nachlieferungen. Lehár verweigert Kürzungen und wirft den Taktstock hin. Nun probt Tauber mit dem Orchester. Die Uraufführung am 16. Februar 1927 im Deutschen Künstlertheater muss der Hauskapellmeister Ernst Hauke leiten. Mit Tauber geben Rita Georg, Charlotte Ander und Paul Heidemann ihr Bestes. Das *Willst du* muss Tauber viermal wiederholen. Auch das Duett *Heute Abend komm' ich zu dir* findet Beifall. Alles überstrahlt das *Wolgalied.* Lehárs slawische Note überzeugt mehr als das Gratwandern zwischen Modetänzen und «opernhafter Aufmachung»[395]. Die Kritiker wettern gegen Äußerlichkeiten, Tragikhäufung, *Tauber-Lied*-Kalkulation, gegen «Schablonenoperetten ohne Handlung, ohne Einfälle und ohne Witz»[396]. «Ist das nicht alles wie in *Paganini*?»[397] Mit derlei Einwänden ist aber der Siegeszug der neuen Operette nicht aufzuhalten.

Lehár geht mit Tauber als *Zarewitsch* auf Tournee und dirigiert in Frankfurt, München, Dresden, Chemnitz, Hannover,

Hamburg und Köln. Den Vertrag mit der Wiener Staatsoper löst Tauber, weil er «als Operettensänger in Deutschland ungleich mehr»[398] verdienen kann. Lehár dirigiert den *Zarewitsch* im März viermal in Mailand, im April fünfmal in Triest, im Juli fünfmal in Leipzig, wo dreißig Jahre zuvor die Uraufführung der Oper *Kukuška* stattgefunden hatte. *Es war wichtig, daß ich hingefahren bin. Die Sachen sind eben schwerer wie die gewöhnliche Marktware, und da muß man [...] beweisen, daß mit Herz und Seele eine ganz andere Wirkung herauszuholen ist.*[399]

Besonders die 62 Partiturseiten des II. Finales enthalten außergewöhnliche Effekte der Instrumentation und stilistischen Vielfalt. Zwischen mittelalterlichem Conductus und Charleston, Tscherkessentanz und Salonpiece, Rezitativ und Debussy-Akkorden, Bacchanal und Orgelpunkt wird alles aufgeboten, um der musikalischen Psychologie der Liebe neue (Partitur-)Seiten abzugewinnen. Den zweifelnden Zarewitsch besänftigen Wagneranklänge. Sonjas Schwur bei der heiligen Mutter von Kasan, noch keinen Mann geliebt zu haben, erinnert an Isoldes Liebestod. *Sie finden sich in einem glühenden Kuß* zur rauschhaftesten «Kußmusik» und Kirchenglocken-Verklärung, die jemals in einer Operette zu Klang geworden ist.[400]

Zurück in Ischl, schreibt er Toni: *Mein erster Weg war zu Mutterls Grab. Deine Blumen habe ich aufs Grab gelegt. Nun werden es schon 21 Jahre!*[401] Mit Tauber reist er Anfang September 1927 nach München, um am Gärtnerplatztheater den *Paganini* aufzuführen. «Lehár ist ein ausgezeichneter Dirigent. Man spürt seine echtblütige musikalische Natur, ein starkes Temperament, die rhythmische Verve, einen lebhaften Klangsinn, ein starkes Gefühl für diskreten und vornehmen musikalischen Vortrag. Man spürt in allem den kultivierten Musiker. Die Meisterhand.»[402]

Nach Stuttgart fährt Lehár mit der Eisenbahn und schreibt vom Hotel Marquardt (16. September): *Morgen soll die Vorstellung sein, und mein lieber Paganini hat nicht einen Ton in der Kehle. Er sang noch gestern!!! den Paganini in München und fuhr nach der Vorstellung im offenen!!! Auto nach Stuttgart. Jetzt gebraucht er eine*

Eingangshalle der Lehár-Villa in Bad Ischl

Roßkur […].[403] Der *Paganini* kommt im November in Paris als französische Erstaufführung auf die Bühne. Und im Dezember gibt es die erste Rundfunk-Direktübertragung der Wiener RAVAG. *Paganini-Radio ist herrlich ausgefallen. Man hörte auffallend gut und deutlich. […] Ich habe fast unbewußt die manchmal störenden Kraftquellen gedämpft – Kurz, ich hab' genau gefühlt, wie ich dirigieren soll.*[404] Und: *Mehr wie Tauber und Schwarz kann man nicht bieten.*[405]

Auf ins Metropol!

Wien gefällt mir in allen Belangen, wenn ich es mit den Augen des «Vorkriegscharakters» sehen kann.[406] Bis *Frasquita*, *Gelbe Jacke* und *Cloclo* wurde auf der Bühne «lange nach dem Zusammenbruch der Monarchie noch einmal […] die Einheit des alten Österreich verwirklicht»[407]. Nun ist Lehár durch Streiks, Attentate, politische Wirren und wirtschaftliche Zusammenbrüche zur Überzeugung gelangt, *daß sich seit 1927, als wir die Nachwirkungen der Inflation überwunden hatten, ein großer Umschwung in der mitteleuropäischen Seele vollzogen hat. Man könnte sehr wohl von einer Stabilisierung der Gemüter sprechen. Die Menschen begannen wieder aneinander zu glauben […].*[408] Etwas blauäugig resümiert Lehár: *Die Verfassung des Publikums in unserer Zeit ermöglicht auch der Operette, sich von der Lüge des Happy-Ends abzuwenden.*[409]

Der «Fackel»-Kraus vermutet, dass Lehárs «Happy-End-Periode» zu Ende geht, weil «dem Meister die Aktschlüsse mit Liebesresignation viel mehr liegen»[410]. Davon zeugt das Modell *Paganini*: Einleitungschor und Auftrittslied der weiblichen Hauptperson, Taubers Auftritt, beider Duett, heiteres Buffo-Duett, Finale; zweiter Akt mit dem Tauber-Lied, Buffo-Duett, Geständnis gegenseitiger Liebe, Finale; dritter Akt mit erneuter Liebesbeteuerung, Buffo-Duett, alsdann Entsagung und wehmütige Erinnerung.

Dieses Rezept hat auch dem *Zarewitsch* in Berlin zum Erfolg verholfen, nach dessen Premiere die Gebrüder Alfred und Fritz Rotter auf Lehár zugehen. Ihre Devise: «man nehme womöglich Caruso, und wenn man ihn nicht hat, Richard Tauber, man nehme die Jeritza, und wenn man sie nicht hat, Vera Schwarz. […] Man nehme die Musik eines neuen Puccini. Oder die Franz Lehárs. Dann muss der Abend eine Reihe ausverkaufter Abende bringen.»[411]

Die Gebrüder Rotter, in Leipzig als Söhne des Getreidehändlers Hermann Schaie geboren, bestimmen das Theaterleben Berlins.[412] Als 1918 im Metropol-Theater der *Graf von Luxemburg* aufgeführt wurde, führte ihr Schwager Regie: der Librettist Fritz Friedmann-Frederich, Sohn eines Berliner Brauereidirektors. Im Sommer 1927 pachten die Rotters das Metropol-Theater, die Stätte sensationeller Revue-Premieren, die im *Witwen*-Jahr 1905 mit Victor Holländers «Auf, in's Metropol!»[413] kulminierten. Beneidet und gehasst von ihren Konkurrenten, ließen die Rotters «nur ein Prinzip gelten, das der Spekulation. Sie kauften und verkauften Theater, Ensembles und Schauspieler, wie damals andere mit Staubsaugern oder Textilien handelten»[414].

Mitte der zwanziger Jahre verwalten sie sechs Theater. Das Metropol-Theater leiten sie selbst. Nach der lauen Eröffnung mit Offenbachs «Schöner Helena» findet *Der* Graf *von Luxem-*

Das Berliner Metropol-Theater, Behrenstraße 55/57, Uraufführungsbühne der Lehár-Operetten «Friederike» (1928), «Das Land des Lächelns» (1929) und «Schön ist die Welt» (1930)

burg mit Adele Sandrock und R. A. Roberts große Beachtung. Am 24. Februar 1928 dirigiert Lehár. «Diese Edeloperette, das Schulbeispiel der großen Wiener Operette mit Scharm, tragischem zweiten Finale und vielen süß-schmelzenden Walzern, siegte noch einmal unter der glättenden, abstufenden Leitung des Komponisten Lehár. Er dirigierte so, wie Richard Strauss dirigiert, mit letzter Abklärung, mit äußerster Beruhigung der Temperamente.»[415] Lehár zuliebe wird das Theater im Sommer 1928 gründlich renoviert, um die erste Lehár/Tauber-Premiere im Metropol vorzubereiten: *Friederike.*

Im Juli 1927 empfing Lehár in der Ischler Villa zwei Autoren. Sie *legten mir ein fertiges Buch vor und baten mich, die Musik zu komponieren. Im Mittelpunkt der Handlung steht der junge Goethe, und ich muß gestehen, daß mir diese Vorstellung unheimlich war. Goethe als Operettenfigur ist doch eine etwas zu gewagte Sache und die Liebesgeschichte der jungen Friederike von Sesenheim ein sehr banales Thema für eine Operette.*[416] Nach der Lesung sagt Lehár: *Meine Herren, ich bin bereit, die Sache zu machen!*[417] Der eine, Ludwig Herzl (Herzer), ist neu im Metier. Mit Lehár gleichaltrig, praktiziert er als Gynäkologe und legt mit 55 Jahren sein erstes Libretto vor. Die Gesangstexte stammen vom Rotary-Freund Löhner *(Sterngucker)*, der unter dem Namen Beda Schlager textierte.[418]

Ich arbeite mit Volldampf! Wenn die Friederike nicht der ganz große Erfolg wird, dann gebe ich das Komponieren auf. [...] Ich verkehre hier mit niemandem und lebe ausschließlich für meine Arbeit, die glänzend vorwärts geht[419], schreibt Lehár dem Bruder am 26. Juli nach Reichenau; zwei Tage später: *Vorläufig geh' ich ganz in der Friederike auf. Da es ein Singspiel und keine Operette ist, kann ich schreiben, wie ich will, und das ist eine Wohltat.*[420]

Das Skizzierte spielt er Ende August in Berlin den Rotters vor. Sie nehmen ihn sogleich unter Vertrag. Die Premiere der *Friederike* sei für Oktober 1928 geplant, gibt Tauber der Presse bekannt. *Paganini* und *Zarewitsch* habe er je 200-mal gesungen; das seien «vollendete Gesangspartien», seinen Intentionen gemäß. «Ich verehre meinen Freund Lehár sehr und bin von seiner Musik geradezu begeistert. [...] Schließlich ist auch die

Geldfrage nicht ganz nebensächlich. Solche Serienerfolge, wie zugkräftige Operetten, kann die Oper nicht bieten.»[421]

Tauber ist der bestbezahlte Bühnenstar. Seine Jahreseinnahme wird auf 800000 Mark geschätzt (für Schallplatten 250000 Mark)[422]. Je Einzelauftritt erhält Lehár weniger als Tauber (2500) oder die Massary (2000), jedoch mehr als Käthe Dorsch (1200), Max Pallenberg (1000), Albert Bassermann und Fritz Kortner. Lehár verspielt viel Geld im Spielkasino Monte Carlo, wo er in diesen Jahren jeweils im März mehrere Wochen verbringt.

1928 dirigiert er den *Paganini* in Paris (3. März), die hundertste Aufführung des *Frühlingsmädels* in Berlin (29. August), den *Zarewitsch* in Graz (7. Januar), Budapest (25. Mai) und Wien, im Johann-Strauß-Theater seit dem 12. Juli zwölfmal mit Tauber. «Mit allen Attributen eines besonderen Theaterereignisses» ausgestattet, habe Lehár «das Orchester wie ein Juwel» glitzern lassen, Tauber sich «gründlich der erotischen Aufklärung»[423] gewidmet und klargestellt: «Ich singe keine Operette, ich singe Lehár.»[424]

Taubers *O Mädchen, mein Mädchen,* Friederikes *Warum hast du mich wachgeküßt* und all die anderen «Goethe-Melodien» hat Lehár in Ischl seit dem 20. Juli 1928 in zwei Monaten mit Bleistift in Partitur[425] geschrieben. Er vereinfacht die Mittel, Nummern, Chöre, Finali. Dem widersprechen der Rollenaufwand (es gibt 28 Einzelrollen und vier Gruppierungen) und die Vielzahl penibler Regieanforderungen. Im Wechselbad der Gefühle kommt das Singspiel im zweiten Akt mit Goethes *Leb wohl* zur Tragödie von Sesenheim. Den filmreif ausagierten Zusammenbruch der Friederike vermag der gedehnte dritte Akt nicht mehr zu steigern. Dem Volkslied Heinrich Werners hat Lehár die Vertonung von *Sah ein Knab' ein Röslein stehn* nachempfunden. Man hört entzückende Tänze: die *Rheinländer Polka,* den *Elsässer Ländler* und den *Pfälzer Tanz* (neben Menuett, Gavotte, Mazurka). Modetänze kommen nicht mehr vor.

Friederike ist Lehárs Beitrag zum deutschen Singspiel: *Ehrlich, deutsch empfunden, in tiefster Ehrfurcht vor Goethe, mir vom Herzen geschrieben.*[426] Dagegen vermochten jene nationalsozia-

Lehár nach der Breslauer Premiere von «Friederike», 1929

listischen Krawallmacher nichts auszurichten, die am 4. Oktober 1928 mit Plakaten[427] wegen angeblichen Kulturfrevels zur Demonstration vor dem Metropol-Theater aufforderten. Neben der rührend-intensiven Dorsch und Tauber (Goethe: «wie ihn das Volk sieht»[428]) waren die übrigen tragenden Rollen mit Hilde Wörner (Salomea), Eugen Rex (Weyland), Curt Vespermann (Lenz) und Loni Heuser (Lottchen) bestens besetzt. Von «erschütternd»[429] bis «schlechthin überwältigend»[430] reichen die Lobeshymnen der Kritiker. Vom Philosophen Ernst Bloch erfahren wir: der «neue Mozart» Lehár sei in der «‹Edeloperette› mit Volkston […] auf dem Lügenweg».[431] Und der Wiener «Fackel»-Kraus geißelt tutti quanti die pure Entartung einer vermeintlich toll gewordenen Bürgerwelt: «Sie zahlt für die Beschmutzung und Verhunzung von Goetheversen mehr, als sie für das Original gezahlt hat, anstatt daß ihre Gerichte die Verüber in Haft nehmen.»[432] Diese «Verüber» kassieren unbehelligt weiter: mit Hans Heinz Bollmann und Lea Seidl im Wiener Johann-Strauß-Theater. Lehár dirigiert im Februar 1929 auch in Hamburg, wo Serge Abranovic und Grete Sedlitz weit über hundert Vorstellungen zu singen haben.

An den Karten-Vorverkaufsstellen bilden sich Schlangen: «Wie einst nach Butter, so steht man heute an, um Richard Tauber zu hören.»[433] Die hundertste Berliner Aufführung wird zum Theater des Westens verlegt, um im Metropol einer modernisierten *Lustigen Witwe* zu weichen. Vom Regisseur Eric Charell auf Revuekurs umgestellt, liefern die Librettisten Rudolph Schanzer und Ernst Welisch neue Texte. Nun ist die Massary nicht mehr die Balkantochter Glawari, sondern die Witwe eines reichen amerikanischen Plantagenbesitzers. Lehár komponiert Begleitmusiken, belustigt mit einem Quodlibet über Tagesschlager, erlaubt sich rhythmische Exzesse für Jazzband, Saxophon und Banjo. Hier folgt er, mehr als in *Cloclo,* dem USA-Einfluss, dem auch Granichstaedten, Künneke, Erich Wolfgang Korngold und Ernst Křenek Tribut zollten.

Wegen Křeneks Jazzoper «Jonny spielt auf» war es im Vorjahr an der Wiener Oper zu Nazi-Protesten gekommen. In Berlin schweigen die Protestler, fasziniert von der Chanson- und Verkleidungskunst der Massary.[434] Premiere ist am ersten Weihnachtsfeiertag 1928. Nach einem Vierteljahr übernimmt Trude Hesterberg die Titelrolle.

Zwischendurch ereignet sich die Tauber-Katastrophe. Der Sänger bricht am 25. Januar 1929 bei einer von Lehár dirigierten *Friederike*-Aufführung im Theater des Westens zusammen. Wie gelähmt liegt er in seinem Berliner Hotelbett. Die Ärzte ermitteln eine schwere Gelenksentzündung nach unausgeheilter Angina. Auf der Tragbahre wird er im Salonwagen nach Bad Pistyan (Piestany, Slowakei) nordöstlich von Preßburg transportiert. Dessen Quellen hatten der Schauspielerin Henny Porten (von ihr kam die Anregung) sowie den Herren Otto von Bismarck, Ferdinand Graf von Zeppelin und Phillip Scheidemann Heilung gebracht. Die Presse reagiert mit Schlagzeilen: «Tauber völlig gelähmt!»[435] «Tauber wird nie wieder singen können!»[436] Doch Tauber hält sich diszipliniert an alle Verordnungen für Schwefelbäder und Fangopackungen und steuert den Genesungsprozess vom Kopf her. In acht Wochen ist er wiederhergestellt.

Mitte Juni führt Taubers erster Weg von Bad Pistyan zu

den Lehárs nach Wien. Geplant sind Schallplattenaufnahmen, ab Mitte Juli sechs Wochen Goethe beim holländischen Lehár-Festival Den Haag und Amsterdam, anschließend zehnmal *Friederike* in München, dann Bad Ischl, um mit Lehár *Das Land des Lächelns* vorzubereiten. Tauber fährt mit seinem Mercedes 160 zu ausverkauften Wiedersehenskonzerten in Frankfurt, Mannheim, Köln, Hannover, Leipzig und Berlin. Dazu kommen im Metropol-Theater Proben von *Land des Lächelns* und die Premiere am 10. Oktober 1929, zuvor die Grammophonaufnahmen mit dem «Tauber-Lied» *Dein ist mein ganzes Herz.* Anschließend will Tauber mit der TOBIS seinen ersten Tonfilm «Das Dirnenlied» drehen. Nach der Rotter-Serie von 150 Aufführungen *Land des Lächelns* ist eine Nachkur in Bad Pistyan geplant. Bis Mitte Mai 1930 wollen Tauber und Lehár mit dem Amsterdamer Operettenensemble Fritz Hirsch eine Tournee durch Holland, nach Paris und London durchführen. Auf dem Programm: *Friederike* und *Land des Lächelns.*

Angesichts derart strapaziöser Pläne wirken die gemeinsamen Ischler Tage zur Umformung der *Gelben Jacke* wie eine Erholung. Die *Friederike*-Librettisten Herzer und Löhner streichen das Wiener Happy End der beiden österreichisch-chinesischen Paare Lea / Sou-Chong und Claudius / Mi. In China bleiben Mi und Sou-Chong allein zurück *(Liebes Schwesterlein, Immer nur lächeln).* Leutnant Graf Gustl bringt die heimwehkranke Gräfin Lisa *(Ich möcht' wieder einmal die Heimat sehn)* nach Wien. Lehár kürzt Finali und Chöre. Lisa (Vera Schwarz) und Sou-Chong (Tauber) bestreiten allein die Finali I und II, im Finale III treten Mi (Hella Kürty) und Gustl (Willi Stettner) hinzu. Die persönlichen Konflikte treten stärker hervor. Léons Lyrik bleibt erhalten in den Sou-Chong-Liedern *Immer nur lächeln* und *Von Apfelblüten einen Kranz.* Dem strikten Wechsel von Soloarie und Duett zuliebe sind Nummern gestrichen, neue hinzukomponiert *(Wer hat die Liebe uns ins Herz gesenkt, Märchen vom Glück)* und Nummern verlagert worden. Da Lehár Modetänze wie Shimmy und Foxtrott streicht, konzentriert er den Werkstil auf den Gegensatz von Austria- und China-Idiom. Das Frauenduett *'s hängt der Himmel voller Geigen* (Nr. 15,

Titelblatt von Lilian Marischka-Karczag zum Klavierauszug (1929), mit Übernahmestempel Glocken-Verlag

Lea / Mi) haben die Librettisten zum reizvollen Begegnungsduett Lisa / Sou-Chong *Bei einem Tee en deux* (Nr. 4) umgetextet. Lisas Heimwehmotiv ist «internationalisiert», vor dem chinesischen Hochzeitszug und Finale II dramaturgisch verbessert.

Die wirksamste Verlagerung gelingt den Autoren mit einer Des-Dur-Melodie, die 1923 in der Ouvertüre der *Gelben Jacke* anklang und Marischka *(Lebt in der Seele)* gesungen hatte. *Dieser Schlager* ging *damals völlig daneben. Er war im Buch schlecht plaziert und erklang erst im letzten Akt, drei Minuten vorm Vorhangfall, als die Leute schon an ihre Garderobe dachten. Jetzt wurde die Melodie nur ein klein wenig geändert, günstiger plaziert und – sie tat ihre Wirkung.*[437] So geriet *Dein ist mein ganzes Herz* zum berühmtesten aller Tauber-Lieder, zum weltweit bekanntesten *Schlager* Lehárs.

Mit glücklicher Hand hat Lehár alle Bearbeitungen und Umstellungen vorgenommen, die Instrumentation am 28. Sep-

Richard Tauber als Prinz Sou-Chong in «Das Land des Lächelns», 1929

tember 1929 um 20.30 Uhr[438] im Wiener Arbeitszimmer Theobaldgasse abgeschlossen. Zwei Wochen später, am 10. Oktober, findet die Premiere im Berliner Metropol-Theater unter dem Dirigat von Lehár statt. Regie: Friedmann-Frederich. Das Publikum strömt in Massen und stellt sich wiederholt ein, um Taubers *Dein ist mein ganzes Herz* ein halbes Jahr lang zu hören. Schon im November spielt das Hamburger Neue Operettentheater *Das Land des Lächelns* nach, mit Rose Ader und Serge Abranovic in den Hauptrollen. Für einige Tage kommen Vera Schwarz und Richard Tauber mit dem Berliner Ensemble zur Hamburger Volksoper.[439] Sie gastieren dann in Köln, Stuttgart und München.

«In der Geschichte der Operette gibt es kein weiteres Werk, in dem jede Musiknummer so zum Erfolgsschlager wurde. *Land des Lächelns* ist [...] Vollendung der spätbürgerlichen Operette und zugleich ihr Abschluss.»[440] Weltweit erobert sie sich den zweiten Platz unter den Lehár-Operetten, nach der *Lustigen Witwe.* Bemerkenswert ist, dass der anspruchsvolle Lehár/Tauber-Stil bei der Masse ankommt. Man scheut nicht die Bezahlung teurer Eintrittskarten und bringt finanzielle Opfer, wie zu unserer Zeit im kostspieligen Besuch von Musicals. Im Unterschied zu Musicalstandorten, die oft die einmalige Präsentation eines bestimmten Werkes in einem Land bieten, führte die «Lehársucht» zu zahlreichen Parallelangeboten. So gab es in Berlin bis zu neun Lehár-Aufführungen an einem Tag, etwa am 17. November 1929.[441] Selbst der Ausbruch der Weltwirtschaftskrise am 24. Oktober 1929 in New York hat die Operettensucht der Berliner und Wiener noch nicht zu bremsen vermocht. Doch die Zahl der Arbeitslosen, der Konkurse und Bankenschließungen steigt. Die «Goldenen zwanziger Jahre» gehen zu Ende.

Lehár wird 60 Jahre alt. Strasbourg eröffnet den Gratulationsreigen am 3. Januar 1930 mit der Premiere von *Frédérique.* In Den Haag, Amsterdam, Budapest, London und vielen anderen Städten spielt man seine Kreationen. Mit *Paganini, Zarewitsch, Friederike* und *Land des Lächelns* veranstalten die Gebrüder Rotter in Berlin Lehár-Festspiele. Zum Geburtstag am 30. April zieht sich Lehár nach Baden-Baden zurück, Stapel von Gratulationspost[442] beantwortend. Die Presse zur Würdigung des «fröhlichen Welteroberers»[443] und «größten Operettenmelodikers unserer Zeit»[444] überschlägt sich. In Wien dirigiert Lehár eigene Werke mit den Wiener Philharmonikern, und am 26. September öffnet ihm das Theater an der Wien die Pforten für *Das Land des Lächelns* mit den Gästen Vera Schwarz, Richard Tauber und Hella Kürty. Mit Marischka hat sich Lehár versöhnt. Tauber muss *Dein ist mein ganzes Herz* sechsmal singen, und die Schwarz bewegt die Wiener Herzen mit dem *Heimatlied.* Allein in Wien widmen zwölf Zeitungen der «großen Sensation» überschwängliche Artikel; Lehár habe sich «selber übertroffen»[445]. Die «erotische Intensität» seiner Melodien vermittle «Musikentladungen» und «Liebesbekenntnisse an unbekannte Frauen»[446].

Am 28. Oktober 1930 ermöglicht die RAVAG eine Radiodirektübertragung aus dem Theater an der Wien, wo *Land des Lächelns* schließlich 105-mal gegeben wird. Am 8. November erfolgt im Apollo-Kino die Weltpremiere des Tonfilms *Land des Lächelns,* hergestellt von der Richard-Tauber-Tonfilm G.m.b.H.[447], mit dem Dirigenten Lehár als Filmstar, mit Tauber, Kürty und Stettner aus der Premierenbesetzung. Dies war Lehárs erste deutsche Tonfilm-Produktion, der schon bald *Friederike, Der Zarewitsch, Frasquita, Paganini, Eva* und *Cloclo* folgen sollten. Auch zu Beginn des *Frasquita*-Films ist Lehár als Dirigent eingeblendet. Für die Filme *Es war einmal ein Walzer* (1932) und *Großfürstin Alexandra* (1933) wird er eigenständige Filmmusiken komponieren. In den USA kam 1929 der MGM-Tonfilm *The Rogue Song (Zigeunerliebe)* mit Oliver Hardy und Stan Laurel heraus. Nach vielen Stummfilm-Produktionen entstand 1934 die berühmte Ernst-Lubitsch-Verfilmung der *Lustigen Witwe* als *The Merry Widow.*

Ehrungen erwarten Lehár auch in Budapest, wo er im Oktober die Erstaufführung der *Friederike* (Königstheater), im November *Das Land des Lächelns* (Opernhaus) dirigiert. Den Schlusspunkt setzt das Berliner Metropol-Theater am 3. Dezember mit einer weiteren Premiere. «Sie führt den Titel *Schön ist die Welt!* – eine kühne Behauptung bei den heutigen Zeiten. Aber wenn Lehársche Weisen erklingen und Richard Tauber singt, werden es die Leute für eine Weile vielleicht sogar glauben können.»[448] Wieder haben die Umgestalter Herzer/Löhner ein zurückgelegtes Werk der Vergessenheit entrissen: *Endlich allein.* Nun wirkt die ungarische Koloratursängerin Gitta Alpár an der Seite Taubers, neben Lizzi Waldmüller, Leo Schützendorf und Curt Vespermann. Die zur Jahreswende 1913/14 fixierte Erstpartitur schneidet Lehár auseinander und setzt sie im November 1930 anfangs in Wien, zuletzt in Berlin[449] neu zusammen. Zum *Tauber-Lied* avanciert eine neu textierte Melodie aus dem *Sterngucker* (1916): *Liebste glaub' an mich, denn ich liebe dich!* Weiter schmeicheln Melodien wie der Titelwalzer *Schön ist die Welt*, die Valse Boston *Bin verliebt.* Abermals gibt es Modetänze wie English Waltz, Tango und Slow-Fox zu hören.

Lehár huldigt dem Zeitgeschmack, wenn er ein Jahr später für das Theater an der Wien die Rumba *Schön sind lachende Frau'n* (Irene Zilahy und Kálmán Latabár) als Tanzorgie einfügt. Adele Kern und Hans Heinz Bollmann sowie Mizzi Günther und Gustav Charlé singen die Hauptrollen. Lehárs hinreißende Rumba bedeutet ein Wiederanknüpfen an den Typus der «Tanzoperette». Er reagiert auf den jungen ungarischen Kollegen Paul Abrahám, der ein Jahr zuvor mit «Victoria und ihr Husar» am selben Theater Aufsehen erregen konnte. Ausgerechnet die Lehár-Librettisten Löhner-Beda und Grünwald hatten nun für Abrahám zündende Texte verfasst: «Mausi, süß warst du heute nacht», «Good Night». Derlei Melodien, von Abraháms Arrangeuren in jazziger Art instrumentiert, fügen sich locker zum neuen Typus der «Schlager-Operette», die für die dreißiger Jahre bestimmend werden sollte. Aber nicht die «ungarische Invasion» von Lehárs, Kálmáns und Abraháms Operetten macht am Wien-Theater das Rennen, sondern Ernst und Hubert Marischkas K. u. k.-Traum «Sissy»[450] zu nostalgischen Melodien des legendären Wiener Geigers Fritz Kreisler (313 Aufführungen 1932 bis 1935).

Lehár ist verunsichert. 1934 erarbeitet er eine Opernfassung von *Schön ist die Welt*; noch 1935 ändert er am Finaletto III. Er bearbeitet den *Fürst der Berge (Das Fürstenkind)* 1932 für Saltenburgs Theater am Nollendorfplatz mit Michael Bohnen und Mimi Gyenes und *Frasquita* im Mai 1933 für die Pariser Opéra-Comique mit der phänomenalen andalusischen Altistin Conchita Supervia. In Paris empfängt ihn Édouard Daladier, der Präsident der Republik, und zeichnet ihn mit dem Kommandeurskreuz der Ehrenlegion aus.

In Deutschland haben sich die Lebensbedingungen dramatisch verschlechtert. Die allgemeine Not nimmt zu, die Publikumsnachfrage ab, Theater müssen schließen. In Berlin gibt es 3000 arbeitslose Musiker. Schon 1927 war der Jean-Gilbert-Konzern zusammengebrochen. Robert Winterberg führt 1929 das Berliner Zentral-Theater in den Konkurs und stirbt ein Jahr später an Schwindsucht. In Wien hat 1929 das Carl-Theater *(Der Rastelbinder, Der Göttergatte, Zigeunerliebe)* schließen müssen. Das Apollo *(Die Tangokönigin)* wird zum ersten großen Tonfilmtheater Wiens umgestaltet. Lehárs Mitschüler am Prager Konservatorium, Oskar Nedbal («Polenblut»), Leiter des slowakischen Nationaltheaters Bratislava, stürzt sich am Weihnachtstag 1930 in Agram (Zagreb) wegen Überschuldung aus einem Theaterfenster. Im Sommer 1931 stellt das Wiener Johann-Strauß-Theater *(Das Fürstenkind, Paganini)* den Betrieb ein und wird zum Großkino Scala umgebaut. Dort laufen Taubers Filme «Der Herr Kammersänger» und «Die große Attraktion» mit Filmschlagern Lehárs und Taubers, eingespielt von Paul Dessau. Dennoch wird Taubers Filmgesellschaft im Oktober 1931 liquidiert.

Von einer Nachkur aus Bad Pistyan zurück, singt Tauber Mitte August 1931 im Kurpark von Bad Ischl den Sou-Chong in einer Freilichtaufführung, die Lehár dirigiert. Ehe Tauber mit dem Schiff «Bremen» die USA ansteuert, um zwölf Konzerte mit Gesängen von Schumann, Schubert, Lehár zu geben, verrät er der Wiener Presse: In einem Jahr käme «das neueste Werk des Meisters, diesmal keine Umarbeitung einer alten Operette, sondern die Vertonung eines Carmen-Sujets, in Berlin zur Erstaufführung. Lehár steckt schon tief in der Arbeit.»[451] Die Premiere von *Giuditta* soll Ende 1932 erfolgen – natürlich mit Tauber. Im Eden-Hotel spielt die Fred-Roß-Jazz-Band.[452] Im «Eden» trifft sich Lehár mit den Kollegen Paul Lincke, Eduard Künneke, Johann Strauß/Enkel, Nico Dostal, Rudolf Nelson und Librettist Richard Bars. Nun singt Tauber in Berlin zwei Monate lang den Armand; dann den Sou-Chong in London, Linz und Graz. Dort verfolgt ihn im Oktober 1932 eine Nazi-Horde mit dem Ruf «Juda verrecke!»[453]

Auch in Berlin spitzt sich der Kulturstreit zu. Bei wachsender Arbeitslosigkeit kommen den Rotters die Zuhörer und Einnahmen abhanden. Mit dem Vorschuss der Gesellschaft der Funkfreunde, die Heinz Hentschke zu einer Besucherorganisation von 100000 Mitgliedern ausgebaut hat, ist am Metropol-Theater der Reinfall von Mischa Spolianskys «Hundert Meter Glück» nicht auszugleichen. Gagen, Mieten, Stromrechnungen, Steuern und Hypothekenzinsen sind überfällig. Am 17. Januar 1933 fliehen die Rotters nach Liechtenstein, von Nazi-Schergen verfolgt. Im April 1933 werden Alfred und Trude Rotter an einem Abhang tot aufgefunden. Fritz Rotter stirbt drei Jahre später in französischer Untersuchungshaft.

Noch im «Lexikon der Juden in der Musik», das 1940 in Nazi-Deutschland erscheint, stellt man ihnen nach: «Rotter (eigentl. Schaie), Alfred und Fritz, führende Berliner Theaterdirektoren der Verfallszeit, die in ihren Aufführungen stets eine Neigung zur künstlerischen Prostitution zeigten und den

Seit 1931 wirkte Lehár in Tonfilmen mit. Hier in einem Studio anlässlich eines Tonfilm-Interviews.

Starkult zum Prinzip erhoben. Durch ihre skrupellose Geschäftsführung, die in vielen ‹gesunden Pleiten› zum Ausdruck kam, haben sie viele deutsche Künstler und Autoren empfindlich geschädigt.»[454] Tauber ist als «der ‹schmachtende Tenor›, dessen Stargage pro Abend 2600 Mark betrug!»[455], als Geldschneider und Halbjude an den Pranger gestellt. Er hat Berlin und Deutschland noch rechtzeitig verlassen können. Tauber singt in der Schweiz, der Tschechoslowakei, in Holland, Belgien, Schweden, in Paris und London. Nicht mehr in Berlin, sondern in Wien sollte es zur nächsten Lehár/Tauber-Premiere kommen.

«Zwei, die sich lieben, vergessen die Welt»

Aus dem Schaffen von Franz Lehár» heißt jenes Live-Konzert, das der Meister am 7. November 1931 mit den Wiener Philharmonikern, Adele Kern und Koloman von Pataky für Radio Wien gestaltet. Alle 113 europäischen Radiostationen übertragen eine Werkfolge von *Gold und Silber* bis zur Operette *Schön ist die Welt.*

Lehár arbeitet bereits an einem neuen Projekt. *An einem Augusttag brachten mir meine beiden alten Freunde Paul Knepler und Dr. Löhner ein Szenarium und einen fertigen ersten Akt zum Lesen. Milieu und Handlung hatten mich gleich gepackt, daß ich in der Nacht darauf so ziemlich die wichtigsten Hauptmotive meiner «Giuditta», wenn auch in flüchtigster Skizzenform, festgehalten habe.*[456] Die Auswertung dieser Skizzen verzögert sich, weil ein dritter grandioser Immobilienerwerb abzuwickeln war. Seit 1932 ist Lehár «Schlossherr», Besitzer des Schikaneder-Schlössels an der Donau in Wien-Nußdorf. Er zahlt bar, im Rückgriff auf angesparte Aufführungstantiemen, an Mister Anton M. Viditz-Ward, den Direktor einer nach dem Ersten Weltkrieg gegründeten amerikanischen Hilfsorganisation für Österreich. Alsbald wird vermutet, «daß in diesen uralten Räumen ein Lehár-Museum eingerichtet werden soll»[457]. Hier findet Lehár den Ort, seine Tierliebe auszuleben, Hunde, Katzen, Vögel zu halten, Goldfische, Frösche, Kröten in Schlossteich und -garten zu füttern, darunter die Riesenschildkröte «Gretl» und einen Tauber mit Namen «Richard».

Als in Berlin die Finanzprobleme das Metropol-Theater belasten, verhandelt Lehár im August 1932 mit Max Reinhardt, um die *Giuditta* dem Großen Schauspielhaus anzubieten. Doch Reinhardt emigriert in die USA. *Giudittas* Schicksal bleibt ungewiss. Inzwischen hat Lehár Kontakte mit dem Unterrichtsminister in Wien, mit der Oper und mit Sängern aufgenom-

Eingang zum Schikaneder-Lehár-Schlössl in Wien-Nußdorf, Hackhofergasse 18

Festsaal mit Zauberflöten-Deckengemälde von Sacchetti im Schikaneder-Lehár-Schlössl zu Wien-Nußdorf

Lehár im Musikzimmer unter dem Dach des Schikaneder-Lehár-Schlössls. Links von ihm im Bauer die Kanarienvögel Hans und Hermann, im rechten Bauer Wellensittiche.

men. Die Titelrolle geht er Ende April 1933 mit Maria Jeritza durch. Im Mai legt der Karczag-Verlag den großzügig gedruckten Klavierauszug vor. Den erhält Tauber mit der Widmung: *Hier hast Du Deine Dir auf den Leib geschriebene Rolle. Du wirst und mußt es fühlen, daß ich bei jeder Note an Dich gedacht habe. Mit*

Deiner Genialität und Deiner prachtvollen Stimme hauchst Du den Melodien Leben ein, und das Lied «Du bist meine Sonne» soll durch Deine goldige Stimme zum erstenmal ertönen.[458] Wenige Tage danach singt die *goldige Stimme* dieses siebente *Tauber-Lied* durch den Äther, ausgestrahlt von der holländischen Radiogesellschaft Hilversum.

Wieder in Wien, unterzeichnet Tauber am 10. Mai den *Giuditta*-Vertrag mit der Staatsoper. Vereinbart sind 25 Auftritte, unter der Regie von Hubert Marischka. Lehár verdankt seinen Einzug in die Staatsoper Budgetüberlegungen des Operndirektors Clemens Krauss, der seit 1929 mit Operetten von Strauß, Heuberger und Suppè Überschüsse erzielte. Auch andernorts hatte der Publikumsmagnet Lehár Defizitlöcher von Operntheatern stopfen können: in Budapest, Paris und Brüssel, in München, Leipzig, Frankfurt und Köln. Anstelle der Richard-Strauss-Sängerin Jeritza, die an der New Yorker «Met» zu tun hat, erhält die 26 Jahre alte Verdi-Sängerin Jarmila Novotna aus Prag die Chance ihres Lebens. Von ihrer Gesangskunst und tänzerischen Faszination überzeugt, schreibt ihr Lehár neue Melodien «auf den Leib». *Mit sehr viel Lust und Liebe war ich bei der Sache [...]; habe mir bei der «Giuditta» eine besonders sorgfältige Instrumentierung, wie sie das reiche und so wundervolle Orchester der Staatsoper auch verlangt, ebenso angelegen sein lassen wie die wirkungsvolle Behandlung der Singstimmen und Gewähltheit der Thematik. Frau Novotna bekam als Giuditta ihren Walzer: «Meine Lippen, die küssen so heiß.»*[459]

Erstmals instrumentiert Lehár eine Operette für dreifaches Holz, für elf Blechbläser, umfangreiches Schlagwerk mit Mandolinen und Banjo, Celesta, Harfe und große Streichergruppe. Er lässt ein Partitur-Großformat drucken und instrumentiert in einem Zuge zwischen dem 23. September und 30. November. In diesen neun Wochen arbeitet er in Wien rund um die Uhr, von der Welt abgeschirmt. So schließt er die 50 Seiten starke Partitur des *Giuditta*-Auftrittsliedes mit Duett (Nr. 5: *Liebestraum, In einem Meer von Liebe, Schönste der Frau'n*) an jenem 3. Oktober ab, an dem die Braunhemden ein Attentat auf Bundeskanzler Engelbert Dollfuß verüben. Das Finale II beendet er auf Seite 55 am 27. Oktober mit dem Eintrag 1/4 5 *früh. Es ist wohl die größte Partitur, die ich je geschrieben habe. So viel glaube ich sagen zu dürfen, daß «Giuditta» mein reifstes Werk ist, an dem ich mit einer Liebe gearbeitet habe wie vielleicht noch nie.* Lehár ist stolz und *glücklich, daß sich der Traum meines Lebens erfüllte, daß es mir nach dreißigjähriger Tätigkeit als Komponist vergönnt war, auf der klassischen Bühne der Wiener Staatsoper aufgeführt zu werden, mein Werk von den prominentesten Künstlern gesungen und dem berühmtesten Orchester der Welt gespielt zu hören.*[460] Zweiundvierzig Jahre zuvor war an gleicher Stätte Johann Strauß mit dem ehrgeizigen Opernprojekt «Ritter Pásmán» [461] gescheitert. Nicht wenige Kollegen und Kritiker wünschen Lehárs Alterswerk ein ähnliches Schicksal.

Wenige Tage vor der Premiere sind in den Fachgeschäften drei Odeon-Schallplatten zu je sieben Schilling mit den sechs schönsten Liedern aus *Giuditta* erhältlich. Von den ersten Aufführungen sind die Karten schnell verkauft. Am Premierentag wird mit Aufschlag zu «Caruso-Preisen» eine Einnahme von 44 000 Schilling erzielt: Rekord in der Geschichte des Wiener Opernhauses! Ein Hauch von «Kaiserzeit» bietet sich den Besuchern: Frau Bundespräsident Miklas mit Töchtern, Minister Kurt von Schuschnigg mit Frau, der Industrielle Julius Meinl mit Frau, Bankdirektoren, Wirtschaftsmagnaten, Repräsentanten der Adelshäuser Kinsky, Dietrichstein, Waldeck, Fürsten und Grafen mit ihren Frauen, Hofräte, Gesandte, Botschafter und Konsuln aus aller Welt, Operndirektor Clemens Krauss mit Intendanten und Produzenten, Künstlerinnen und Künstlern, Franz Werfel mit Frau Alma Mahler-Werfel, Emmerich Kálmán mit Frau, nicht zuletzt General Baron Anton von Lehár mit Frau und Sophie Lehár, die Gattin des Komponisten.[462] 120 Rundfunksender übertragen am 20. Januar 1934 die Premiere aus dem Wiener Opernhaus «live»! In Vierspaltern berichtet die Presse über das Ereignis. «Der Anfang eines neuen Welterfolgs eines Lehárschen Werks konnte nicht glanzvoller gewesen sein.» [463]

Fünf Bilder wechseln wie Filmszenen. *Giuditta*: «eine Filmrolle für Marlene Dietrich».[464] «Das liebestolle Weib, das von einem Manne zum andern flattert [...], wird Geliebte eines Offiziers, der zu spät für sie desertiert [...]», um im Salon ihre Abenteuer am Klavier zu begleiten; sie «kriegen sich also nicht, trotz vierstündiger Dauer der Operette».[465] Die Librettisten Knepler und Löhner hätten sich Lehárs Vorstellungen untergeordnet, meint die Kritik; die Handlung sei nur «Vorwand, das Tauber-Lied der Strebung Ziel»[466]. Taubers «Artistik der Tongebung»[467] sei unschlagbar, die Entdeckung des Abends aber «Jarmila Novotna, in der beinahe hellenischen Schönheit ihres Leibes [...] und dem leuchtenden Glitzern ihrer hohen und höchsten Töne [...]. Am Pult Lehár selbst, äußerlich ruhig, innerlich vibrierend»[468]. Eine «Fülle von Einfällen» habe er für «ein herrliches, goldschimmerndes Orchester»[469] geschrieben: «Zauberklänge»[470]. Lehár komponiere

Franz Lehár und Richard Tauber, 1934

für ein großes Publikum. Dem sei ob der trüben Zeit das Lachen vergangen. Nun könne die Operette «kein heiteres Weltbild mehr»[471] sein. Lehárs Operetten seien «mit ihrer Sentimentalität, ihrem Pathos eine Art Opernersatz, ein Surrogat für die Publikumsopern, die nicht komponiert werden».[472] Die Neutöner würden «die schöne Linie in Musik und Tanz» vermissen lassen; Lehár aber komponiere «auf gesundem Boden klangfreudigen Gestaltens»[473].

Gegen diese Bewertungen des Bruckner- und Freud-Schülers Max Graf sowie des Komponisten Joseph Marx hat ein anderer Bruckner-Schüler Protest erhoben: Ernst Deutsch (Decsey). Dieser erste Lehár-Biograph und einstige Fürsprecher nennt Lehár nun einen Falschmünzer, der dem Publikum das Versinken in einem «Meer zuckeriger Oberschaumsüßigkeiten»[474] zumute. Er habe «die Zeit für sich arbeiten» lassen. «Je mehr Unverständlichkeitsopern sie gebar, je mehr Atonalität ihrem kreis(s)enden Schoß entstieg, desto sicherer arbeitete sie ihm in die Hände, denn er, Lehár, besitzt die betörende, süßschmeckende, nachsummbare, dreimal zur Wiederholung verlangte, häuserfüllende Lehár-Melodie.»[475] Decsey verrät, dass Křeneks Zwölftonoper «Karl V.», obwohl bestellt, von Direktor Clemens Krauss zugunsten der *Giuditta* abgesetzt worden war. So pressewirksam die Konfrontation von Lehár und Křenek sein mochte: den *Giuditta*-Komponisten traf keine Schuld an der Absetzung von «Karl V.» (die Oper wird 1938 in Prag uraufgeführt).[476]

Im In- und Ausland ist *Giuditta* gefragt – auch in Freilichtaufführungen wie im Adria-Seebad Abbazia (Opatija). So weist die Bühnenstatistik 1935 Lehárs *Giuditta* an zweiter Stelle nach Wagners «Fliegendem Holländer» aus – vor «Figaros Hochzeit» von Mozart, vor Smetana, Strauss, Verdi und Puccini.[477] Trotz enormer Ansprüche und großer Besetzung ist *Giuditta* ein gefragtes Bühnenwerk geblieben, auch in Hörfunk und Fernsehen, nicht zuletzt auf Tonträgern. (Der Bielefelder Katalog KLASSIK verzeichnet ein Angebot von über 100 Einzeltiteln.[478])

Nur in Nazi-Deutschland darf *Giuditta* nicht gespielt werden. Lehár ist in Ungnade gefallen. Man verwechselt ihn mit seinem Bruder. (Baron Lehár hatte sich kritisch zur deutschen Neutralitätspolitik geäußert und war deswegen am 5. Mai 1933 als Präsident des Musikschutzverbandes fristlos entlassen worden.) Im November wird publik, dass Mussolini, den Lehár als geigenden Interpreten seiner *Frasquita-Serenade* am 25. März 1924 kennen gelernt hatte, die Widmung der *Giuditta* abgelehnt hatte. Mit dem Deserteur Octavio (Taubers Rolle) würden «Führerprinzip und Autorität in jeder nur denkbaren Form lächerlich»[479] gemacht. Lehár war einer Anregung des journalistischen Duce-Freundes Géza Herczeg allzu willig gefolgt, was wir heute als Beispiel politischer Naivität bewerten mögen. Den Lehár-Gegnern kam diese Denunziation gerade recht. Von Berlin aus werden Anti-Lehár-Demonstrationen organisiert. Man verübelt ihm die Zusammenarbeit mit jüdischen Librettisten. Schon 1932 war in der «Deutschen Bühnenkorrespondenz» *Das Land des Lächelns* den «jüdischen Operetten» zugerechnet worden.[480] Aus dem Operetten-Spielplan 1933 lässt DBK-Herausgeber Walter Stang den Namen Lehár entfernen. An die NS-Kulturgemeinden ergeht Ende 1934 die Note, dass Lehárs Operetten zur Aufführung in Deutschland ungeeignet seien.

Giuditta bleibt bis 1938 im Programm der Staatsoper, dirigiert von Lehár. Der Verlag lässt erstmals eine Lehár-Orchesterpartitur drucken – für Operettenaufführungen, die aus Klavierauszügen dirigiert werden, eine Rarität. *Giuditta* wird alsbald in Graz, Innsbruck, Linz, Salzburg, Luzern, Brünn, Brix, Eger, Reichenberg, Teplitz-Schönau, Troppau und vielen anderen Städten nachgespielt.

Umso reger ist Lehár international präsent, unter anderem als erster Fernsehstar der Musikgeschichte. Diese «Weltsensation» ereignet sich am 11. November 1934 in der ersten radiophonen Bildübertragung[481], zur New Yorker Weltpremiere der MGM-Lubitsch-Verfilmung *The Merry Widow*. Den Besuchern wird, um eine Stunde versetzt, per Telegramm Bildmaterial eines RAVAG-Konzerts aus dem Hörfunksaal Ronacher übermittelt. Lehár dirigiert die Wiener Symphoniker, Richard Tauber singt.

Im «Handbuch der Judenfrage»[482], 1935 aufgrund der Rassengesetze verfasst, werden dem «Arier» Lehár die vertonten Libretti «aus jüdischen Händen» vorgehalten. Künneke («jüdisch versippt») lehnt die Trennung von seiner «halbjüdischen» Frau ab. Dass seine Operetten dennoch aufzuführen sind, verfügt Reichspropagandaminister Joseph Goebbels mit Rundschreiben[483] am 1. Juli 1936. Zur selben Zeit werden «die Operetten Lehárs durch persönlichen Entscheid Hitlers für öffentliche Aufführungen freigegeben»[484], obwohl der «Arier» Lehár mit einer «Volljüdin» verheiratet ist. Hitler schätzt neben Wagner den Komponisten der *Lustigen Witwe*, die er in seiner Wiener Zeit lieb gewonnen hatte. Er begrüßt Lehár im November 1936 in Berlin demonstrativ als Ehrengast der Jahrestagung der Reichskulturkammer und der NS-Gemeinschaft «Kraft durch Freude». Am 25. November besucht er mit Goebbels eine von Lehár dirigierte Aufführung des *Zarewitsch* im Theater am Nollendorfplatz. Das Erstaunliche: die Namen der jüdischen Librettisten Jenbach & Reichert stehen im Programm. «Lehár in seiner Naivität, ganz benommen von der Gunst des Diktators, genoss es in vollen Zügen, nunmehr auf allen staatlichen und privaten Bühnen Deutschlands als Lieblingskomponist Hitlers persona grata zu sein.»[485]

In der NS-Kulturarbeit spielte die Operette eine große Rolle. Nur mit Klassikern und Novitäten von Benatzky, Künneke, Fred Raymond und Stolz war kein Staat zu machen. Deshalb sind an einigen Bühnen wie dem Münchener Gärtnerplatztheater[486] Lehárs Werke *Das Land des Lächelns*, *Der Zarewitsch*, *Der Graf von Luxemburg* und *Die lustige Witwe* auch in den kritischen Jahren 1933 bis 1936 gegeben worden. Die NS-Anordnung, alle Namen jüdischer Librettisten zu tilgen, wurde selten kontrolliert. Nur jüdische Komponisten sind im «Titelverzeichnis» des «Lexikons der Juden in der Musik»[487] an den Pranger gestellt. So fehlt, zwischen «Das Land der Liebe» (Eysler) und «Das Lied der Liebe» (Korngold), Lehárs *Land des Lächelns*. Nicht einmal das «Judensingspiel» *Rosenstock und Edelweiss* war verboten. Mit dem Versuch, «Lehár […] als Ausdruck der Degeneration und sogar als Gefahr für das deutsche Kul-

Im Oktober 1936, während des XI. Internationalen Komponisten- und Autorenkongresses, empfängt Propagandaminister Joseph Goebbels (rechts) im Berliner Hotel «Kaiserhof» Franz Lehár und dessen Verleger Bernhard Herzmansky.

turleben»[488] anzuschwärzen, ist der Präsident der Reichsmusikkammer Richard Strauss gescheitert. Noch 1941 ließ Goebbels ihn wissen: «Lehár hat die Massen, Sie nicht!»[489]

Die Nazi-Presse registriert aufmerksam Lehárs Auslandsauftritte in Paris und Brüssel. Sie übergeht diskret das Zusammentreffen mit Tauber, der als *Paganini* im Sommer 1937 im Londoner Lyzeum-Theater auftritt. Mit deutschen Bühnen steht Lehár der größte Bühnenmarkt der Welt wieder offen. So erscheint 1937 eine Neufassung des *Grafen von Luxemburg*, von Edmund Nick vorbereitet, im Berliner Großen Schauspielhaus. Am selben Ort dirigiert Lehár zu Silvester 1938 *Die lustige*

Witwe und eröffnet eine weitere Erfolgsserie. Hitler hört sich die Aufführung vom 12. Januar 1939 an und bezeichnet Johannes Heesters als den besten Danilo. Zur gleichen Zeit ist am Gärtnerplatztheater München *Die lustige Witwe* in revueartiger Aufmachung angesetzt. Peter Kreuder hat Jazzbearbeitungen beigesteuert und die ersten Aufführungen dirigiert, bis er wegen freimütiger Bemerkungen über das Liebesleben hochrangiger Nazis seine Stellung verliert. Eine Diskussion um die Anfälligkeit von NS-Ideologen für «spärlich bekleidete Darstellerinnen und Tänzerinnen in Shownummern»[490] war nur hinter vorgehaltener Hand möglich.

Erst im September 1939 wurde nach 215 Vorstellungen[491] diese Revue beendet. Hitler besuchte dreimal die leichtgeschürzte Münchener *Witwe* und ließ sich zum Geburtstag 1943 eine Tonaufzeichnung der Fritz-Fischer-Produktion mit Heesters vorführen.[492] Neben München und Berlin erweist sich Hamburg erneut als Stadt der «Leherrlichkeit», beginnend 1938 mit einer Aufführungsserie der *Eva*, dann mit *Schön ist die Welt* und *Land des Lächelns.* Im Januar 1939 dirigiert Lehár die *Giuditta* in Dr. Sattlers Schiller-Oper; es sollte sein letztes Hamburger Auftreten sein.[493]

Dass Lehár nach *Giuditta* kaum zum Komponieren kam, lag unter anderem an Prozessquerelen und Verlagsproblemen. Der Komponist Wilhelm Kienzl («Der Evangelimann») ließ sich von einer verwirrten Dame verleiten, einen Plagiatsprozess gegen Lehár zu unterstützen.[494] Die Dame wurde 1939 wegen Verleumdung verurteilt. Für 50 000 Schilling Schweigegeld sollte Lehár 1935 gewisse Fotos kaufen: «Weibergeschichten», Schmusereien mit Sängerinnen und Ballettmädchen, Sektgelage nach Premieren mit Nachfeiern in Hotelsalons und Etablissements. Ausgerechnet Paul Guttmann[495], Lehárs Erstregisseur von *Eva* bis *Wo die Lerche singt,* hatte wegen Mittellosigkeit den Erpresser gespielt. Er wurde im Frühjahr 1939 für ein halbes Jahr inhaftiert.

Vielen in Not geratenen Künstlern und Sängerinnen hatte Lehár geholfen, bis er Anfang 1935 selber Finanzprobleme bekam. Hubert Marischka-Karczag, 1934 noch Erfolgsregisseur

Im Schikaneder-Lehár-Schlössl mit dem kleinen Belgier Jeani, dem Lieblingshund Lehárs

der *Giuditta*, steuert ein Jahr später den Bühnenverlag W. Karczag in die Pleite. Am 1. März 1935 wird das Theater gesperrt. Marischka verliert Direktorensitz und Verlag. Wenige Tage zuvor hatte Lehár seine Verlagsobjekte herauslösen können. Partituren, Klavierauszüge, Text- und Regiebücher, Einzeleditionen und Orchesterstimmen-Pakete wurden vom Theaterarchiv in der Linken Wienzeile 6 drei Straßen weiter in die Theobaldgasse 16 expediert. Rechtlich beraten vom Anwalt Dr. Siegfried Fraenkel, mutet sich der bald 65 Jahre alte Lehár zu, Musikverleger zu werden – was er 1898 mit der Oper *Kukuška* schon einmal war. Am 21. Februar 1935 erhält er vom Wiener Magistrat die Konzession «zum Betriebe des Musikalienhandels»[496].

Ins Ausland reist der noch immer begehrte Dirigent Lehár nun auch als Verleger. Er besucht Kongresse und Versammlungen, erstellt Neufassungen wie die vom *Grafen von Luxemburg* für das Berliner Große Schauspielhaus. Anschließend reist er nach Brüssel *(Zarewitsch)* und Paris *(Peter und Paul im Schlaraffenland)*. In Algier leitet er *Das Land des Lächelns* auf einem Ärztekongress. Dieses Werk steht, neben *Giuditta*, im Februar 1937 auf dem Programm einer Wiener Gastspieltruppe in Ägypten. Tauber singt in Alexandrien und Kairo, im März mit der Novotna *(Giuditta)* in Wien, im Mai für fünf Wochen den *Paganini* in englischer Sprache in London. Dort trifft er wieder auf Lehár, der die Proben leitet. Ein Jahr zuvor war Tauber in der Kapelle des Lehár-Schössels mit der hübschen englischen Schauspielerin Diana Napier kirchlich getraut worden. Im September 1937 kommt Tauber abermals nach Wien und singt den Octavio der *Giuditta* an der Wiener Staatsoper. Lehár dirigiert. Am 30. Januar 1938 nimmt die Staatsoper ein zweites Lehár-Werk ins Repertoire: *Das Land des Lächelns.*[497] Hier agiert Maria Reining neben Richard Tauber. Am 7. März singt Tauber noch einmal den Octavio in der *Giuditta*, dann verlässt er Wien und tritt mit *Land des Lächelns* eine Italien-Tournee an.

Für Tauber und Lehár war es ein Abschied für viele Jahre. Am Tag der letzten Tauber-Aufführung fordern die Wiener Betriebe den Generalstreik. Bundeskanzler Kurt von Schuschnigg setzt für den 13. März eine Volksabstimmung an. Hitler vereitelt sie, zwingt Schuschnigg zum Rücktritt und marschiert am 12. März mit 200 000 Soldaten der deutschen Wehrmacht in Österreich ein. Der «Anschluss» ans Deutsche Reich ist besiegelt, das selbständige Wirken und kulturelle Eigenleben Österreichs für sieben Jahre unterbunden.

Eine Verhaftungswelle treibt Generäle, Heimwehrführer, den Kulturhistoriker Egon Friedell und den Regisseur Rudolf Beer in den Selbstmord. Unter den jüdischen Librettisten Lehárs können Paul Knepler, Alfred Grünwald und Rudolf Eger ins Ausland fliehen. (Ludwig Herzer stirbt 1939 in St. Gallen, Heinz Reichert 1940 und Alfred Grünwald 1951 in den USA. In Wien sterben: Victor Léon 1940, Julius Bauer 1941, Bela Jenbach 1943.) Lehár wird gewarnt, von Tauber zur Emigration aufgefordert. Soll er seinen Glocken-Verlag, seine Besitztümer in Wien und Ischl den Nazischergen überlassen? *Im 69. Jahr zu emigrieren ist kein Honiglecken!*[498] Auslandsdirigate – wie im September 1938 in Stockholm – sind ihm noch erlaubt. Doch der «Reichskristallnacht»-Terror des 9. November gemahnt zum Handeln. Betont unauffällig bereitet Lehár mit seiner Frau für 1939 die Verlagerung des künstlerischen Büros und Haushalts von Wien nach Bad Ischl vor. Fragestellern wird bedeutet, es geschähe aus gesundheitlichen Gründen. In Wirklichkeit glaubt sich Sophie in Bad Ischl vor den Verfolgungen des Wiener Leiters des Reichspropagandaamtes, Eduard Frankenfeld, sicherer. Hinzu kommt, dass dem Dirigenten Lehár zu jener Zeit in Wien alle Bühnen verschlossen waren. Umso williger übernimmt er das Silvester-Dirigat der *Lustigen Witwe* im Deutschen Opernhaus Berlin. *Ich lebte als Künstler nur meinem Schaffen und kümmerte mich nicht um Politik.*[499]

Zu dieser Zeit fristet sein Freund Fritz Löhner-Beda, bewährt als Librettist von 1916 *(Der Sterngucker)* bis 1934 *(Giuditta)*, sein Leben in Konzentrationslagern. 1938 mit Grünbaum und dem Sänger Hermann Leopoldi nach Dachau, dann nach Buchenwald verschleppt, schreibt Beda Ende 1938 das «Buchenwaldlied»: «O Buchenwald, ich kann dich nicht vergessen, weil du mein Schicksal bist! Wer dich verließ, der kann es ermessen, wie wunderbar die Freiheit ist.»[500] Die Freiheit erlangt kurz darauf der Komponist des Liedes: Leopoldi emigriert in die USA. Beda muss bleiben und bittet Lehár um Hilfe. Bezeugt ist, dass Lehár sich für Beda bei Hitler persönlich verwendet hat.[501] Aktenkundig ist, wie Beda am 4. Dezember 1942 in Auschwitz umkam. Die fünf IG-Farben-Direktoren A., B., D., K. und M. besuchten ihre Produktionsstätte. Einer von ihnen zeigte auf den ausgezehrten Beda: ob der nicht «etwas rascher arbeiten»[502] könne. Am selben Tag ist Beda erschlagen worden.

Lehár hat Léon vor der Vertreibung aus dessen Hietzinger Villa bewahren können[503], Treumanns Deportation zumindest verzögert[504] (Treumann starb 1943 in Theresienstadt).

Was hätte Lehár noch tun können, ohne sich selbst und das Leben seiner Angehörigen zu gefährden? Auch sein Bruder wurde verfolgt, noch immer verdächtigt wegen der militärisch brisanten Operation nach dem Ersten Weltkrieg, als er dem österreichischen Kaiser Karl I. das ungarische Königtum [505] zu erhalten versuchte, observiert vor allem wegen antinazistischer Äußerungen. Anton stand in Wien-Hietzing unter Hausarrest, von der Gestapo beschattet.

Wie sicher lebte Lehárs Frau Sophie im angeblich so friedlichen Ischl? *Eines Tages klopften bei mir zwei Männer an, die sich als Gestapoleute entpuppten. Sie zeigten auf ihr Abzeichen und sagten: «Wir sollen Ihre Frau abholen.» Meine Frau, die zugegen war, fiel natürlich in Ohnmacht. Ich fragte: «Warum denn?» […] Ich war in einer verzweifelten Lage, da fiel mir ein, daß ich den damaligen Gauleiter Bürkel anrufen könnte […]. Ich erreichte die Verbindung, und in erregten Worten schilderte ich die Situation. Er sagte: «Einer der Männer soll zum Telefon kommen!» Dieser Mann sprach längere Zeit mit ihm, dann wendete er sich mir zu und sagte: «Wir sollen gehen.» Wenn ich nicht zufällig zu Hause gewesen wäre, hätte ich meine Frau nie mehr gesehen!* [506] Seitdem zeigt sich Lehár noch mehr besorgt und verhält sich wie der Kollege Künneke, der seine Frau bei ungefährdeten Freunden versteckt, wenn in ferneren Orten zu dirigieren ist.

«Ich wollte ihr Herz erobern»

144 Sendestationen sind dabei, als Lehár am 28. Juni 1939 im Saarbrücker Rundfunk dirigiert und sein *Saarland-Lied* zur Uraufführung[507] bringt. Nach fünf Jahren (!) sieht er sein *geliebtes Ischl*[508] wieder und trägt am 22. Juli ins städtische Gästebuch ein: *Dreißig Bühnenwerke habe ich bisher geschrieben, und ich muß offen gestehen: In Ischl hatte ich immer die besten Einfälle! Das muß doch irgendwie mit der Ischler Luft zusammenhängen! Nun bin ich wieder da und warte auf die guten Einfälle!*[509]

Lehár wartet vergeblich. Am 1. September bricht der Zweite Weltkrieg aus. Drei Tage später wird im Münchener Gärtnerplatztheater *Die lustige Witwe* abgesetzt. Nur *Der Zarewitsch* sollte 1941 unter Carl Michalskis Leitung noch einmal 97 Aufführungen in revuehafter Bilderfolge[510] erreichen. Einen Monat nach Kriegsbeginn ist Lehár in Berlin, um *Die Zigeunerliebe* im Theater des Volkes zu dirigieren. Daneben spielt man Zellers «Vogelhändler» und Werke der Lokalmatadoren Paul Lincke und Walter Kollo. Im deutschsprachigen Ausland pflegt das Opernhaus Zürich das Lehár-Œuvre. Dort läuft seit Mitte April 1939 *Der Graf von Luxemburg*, dirigiert von Viktor Reinshagen, unter der bejubelten Regie von Walter Felsenstein.[511] Eine sichere Lehár-Bastion bleibt Hamburgs Reeperbahn. *Das Land des Lächelns* ab November 1939, *Friederike* seit 1941 (trotz Goebbels' Verbot) mit Karl Jöken als Goethe, *Wo die Lerche singt* seit 1943.[512] Da immer mehr männliche Darsteller zur Front müssen, grassiert das Theatersterben. Das Theater an der Wien hat bereits Ende Mai 1939 schließen müssen. Da auch andere Wiener Produktionen (unter anderem an der Staatsoper) abgesetzt sind, kann Lehár froh sein, in Budapest 1940 *Wo die Lerche singt* aufführen zu können.

Seine Heimatstadt Komorn ehrt ihn zum 70. Geburtstag mit einer Marmortafel am Elternhaus, Sopron (Ödenburg) ernennt ihn zum Ehrenbürger.[513] Lehár ist ungarischer Staatsbürger. Die «großdeutsche» Presse ist angewiesen, ihn als «Meister der deutschen Operette»[514] zu würdigen. Obwohl ihm die Goethe-Medaille verliehen wird, bleibt *Friederike* an deutschen Theatern verboten (daran ändert auch eine Privataufführung für Goebbels am 17. August 1940 nichts). In Bad Ischl ist das Kurtheater in Franz-Lehár-Theater umbenannt. Am 20. Juli dirigiert der Komponist die Wiener Philharmoniker im Salzburger Festspielhaus: Ester Rethy und Marcel Wittrisch singen seine Arien und Duette.

Warum lässt sich Lehár trotz seines hohen Alters noch einmal an die Westfront verpflichten, auf deren anderer Seite kurze Zeit später Marlene Dietrich für USA-Soldaten singt? Mit Frontdirigaten im Rahmen der kulturellen Truppen- und Krankenbetreuung («Fünf Musikkapellen der Wehrmacht gaben unter persönlicher Leitung von Franz Lehár einen Wiener Abend für unsere Soldaten»[515]) weicht er der Aufforderung zur Komposition zackiger Märsche und Kriegslieder aus – im Gegensatz zur vaterländischen Komponierbereitschaft während des Ersten Weltkriegs und der vieler seiner gleichaltrigen Kollegen, zum Beispiel Paul Linckes, der als «Vorkämpfer des ‹Dritten Reiches›» mit dem Professorentitel ausgezeichnet wird. «Wer Meister Lincke als bekennenden Patrioten sehen will, der schaue auf seine Militärmärsche und soldatischen Lieder wie ‹Deutsche Meereswacht› oder ‹Der Landwehrmann›, die schon früher in ernster Zeit Licht und Kraft ins deutsche Herz brachten!»[516] Lehár hat 1941 für einen Film den *Marsch der Kanoniere* komponiert; er bleibt die Ausnahme.

Im Ersten Weltkrieg hatten ungarische Soldaten für die Doppelmonarchie gekämpft, das Ende des Vielvölkerstaats erlebt und die Selbständigkeit unter schmerzlichem Verzicht auf zwei Drittel ihres Territoriums erlangt. Nun ist wieder Krieg, das selbständige Ungarn seit dem 11. April 1941 zum «Verbündeten» des «Großdeutschen Reiches» gepresst.

Man mag Lehár vorhalten, dass er den Machthabern des ‹Dritten Reiches› anbiedernde bis auffordernde Briefe geschrieben hat. Sofern sie dem Schutz seiner jüdischen Frau gelten, ist Lehár weniger zu kritisieren als in dem Bemühen, sein Lebens-

Lehár dirigiert an der Westfront vor Soldaten.

werk (auch) von den Nazis anerkannt zu finden. Innerlich fühlt er sich aber weiterhin absolut souverän. Mit einem Bekenntnis zur Freiheit schließt er Anfang 1943 seine Laufbahn ab. Es kommt dort zur Uraufführung, wo er seinen ersten Musikunterricht erhielt: in Budapest, der Hauptstadt seines ungarischen Heimatlandes. Deren Bewohner hatten ihn stets anerkannt, die Wiener und Berliner Novitäten alsbald in ungarischer Übersetzung eingefordert. Das nationale Element dominierte schon in der *Zigeunerliebe* (1910). In ungarischer Sprache erfolgte am ersten Tag des Jahres 1918 die Premiere von *Pacsirta*.

Die Direktion des Opernhauses hatte den dramatischen Dichter Ernö Innocent-Vincze beauftragt, meine «Zigeunerliebe» opernfähig zu machen. Innocent begann mit der Arbeit, legte aber den alten Text plötzlich zur Seite und schrieb ein völlig neues Buch. […]. Die «Zigeunerliebe» wurde symphonisch durchgearbeitet, neue Lieder und Duette wurden eingeflochten.[517] Der Presse erklärt Lehár: *Mit großer Freude ging ich an die Arbeit. Ich hatte ja seit acht Jahren, seit der «Giuditta» kein neues Bühnenwerk geschaffen. Zum Teil, weil ich durch anderweitige Arbeiten, Konzerte, Radioeinstudierungen und dergleichen, zu sehr von der Arbeit abgehalten wurde, zum Teil aber auch, weil ich kein mir zusagendes Textbuch fand.*[518] Nun hat er eins. Er beschließt, das neue Buch individuell auszuschöpfen, *die bisherige Partitur so viel als möglich umzuformen und auszuweiten […]. So entstand ein neuer Teil nach dem andern, schließlich waren ²/₃ des Werkes neu hinzugekommen, in denen die früheren Melodien nur mehr in Motivform erklingen.*[519] Fazit: *Nur an einzelnen Stellen wurde die frühere Musik unverändert übernommen, aber auch dort neu instrumentiert.*[520]

Nächte hindurch komponiert Lehár im unbeheizten Hotelzimmer Ballett-Nummern für Feen und Zigeunermädchen, neue Lieder und Tänze. Am Ende ist von der *Zigeunerliebe* nur noch jene Mazurka verblieben, die Lehár während der dreißiger Jahre auf einen Text des 1941 in Wien verstorbenen jüdischen Librettisten Ernst Welisch nachkomponiert und als Einlage benutzt hatte. *Sehnsucht, heimliches Verlangen* erscheint zu Beginn als Motto *Utam muzsikálva járom* (Diak), der zweite Melodieteil *Doch die trüben Wolken ziehn vorbei* in der Werkmitte als *Mindhiába vártam* (Sárika).[521] Herausgelöst hat Lehár die mondänen Walzer: *Glück hat als Gast, Gib mir dort vom Himmelszelt, Nur die Liebe macht uns jung, Zorika.*[522] Deren Stelle nehmen jetzt Mazurka, Csárdás, Verbunkos und Ungarischer Marsch ein. *Der ungarische Rhythmus und die ungarischen Versmaße bedeuteten für mich ganz neue musikalische Ausdruckmöglichkeiten. Mir bereitete es eine besondere Freude, daß ich die Musik zu ungarischen Worten komponieren, also ungarisch empfinden konnte, in der Sprache, die ich von Kindheit auf spreche.*[523] Der Freiheitsheld Józsi entkommt den Verfolgern. Ilona beschwört die zukünftige *bessere Welt.* Der Schlusschor intoniert: *Der Allmächtige hat den verwaisten Ungarn schwere Proben auferlegt! […] Segne Du, heilige Gerechtigkeit! […] Heilig ist die ungarische Freiheit!*[524] Mit der Gestalt des Józsi hat Lehár sich identifiziert: *Auch meine Geige ist eine Waffe!* Mit *Garabonciás* sind 47 Jahre seines Wirkens für die Musikbühne reflektiert: der Ertrag seines Lebens. Seine eiserne Arbeitsmoral, die vielen Entbehrungen und den persönlichen Verzicht auf Lebensglück sieht er gerechtfertigt durch den Kampf für die heiligsten Ziele: *Vaterland, Nation und Volk. Nicht nur die in diesem Werk ertönenden Lieder meiner Leier erzählen davon. Ich fühle es: davon erzählt mein ganzes Werk. Von all denen, die auch auf ihre Liebe verzichten konnten, auf Familie und den Frieden ihres Heimes, um ihrer Berufung zu folgen.*[525]

Die bisherige Lehár-Biographik ist zu berichtigen: Nicht *Giuditta* war sein letztes Bühnenwerk, sondern *Garabonciás.* Der Europasender übertrug die Uraufführung am 20. Februar 1943 aus dem Königlichen Opernhaus. Lehár dirigierte die erste und die zweite Vorstellung, dann brach er zusammen. Er wurde nach Bad Ischl gebracht und musste monatelang das Bett hüten. *Langsam erhole ich mich, aber es stand schon schlimm um mich! So schlimm, daß meiner Frau viele gute Bekannte bereits kondolierten. Der Kunst der Ärzte und meinem starken Lebenswillen gelang es aber doch, die schweren Tage zu überwinden.*[526] Angegriffen waren Galle, Nieren, Drüsen und Augen. Er konnte *kaum schreiben […]. Grippe-Lungenentzündung*[527] verschlimmerten den Zustand. Sophie ließ sich zur Krankenpflegerin anleiten und betreute den Gatten. Erst zum Kriegsende 1945 trat Besserung ein, sodass der nun Fünfundsiebzigjährige vom Bett aufstehen konnte.

Als am 6. Mai 1945 amerikanische Panzer Bad Ischl erreichen, überraschen ihn die GIs in seinem Salon mit einem Ständchen. Wenige Wochen später interviewt Klaus Mann Richard Strauss in Garmisch-Partenkirchen und Franz Lehár in Bad Ischl für die Army-Zeitung «Stars and Stripes». Dass Strauss viele einstige Nazi-Größen und -Kriminelle noch immer für «wirklich nette Kerle» hält, findet Mann unerträglich: «Er hatte nichts begriffen.» Lehár reagiert sensibler mit dem Bekenntnis, *daß die letzten Jahre sehr schwierig gewesen sind für uns alle. […] Die Politik ist schmutzig, und ich mag nicht über schmutzige Dinge sprechen.* Dennoch fragt Mann nach dem Führer als Bewunderer der Werke Lehárs. *Meine «Lustige Witwe» war seine Lieblings-Operette! Das ist doch nicht meine Schuld, oder? […] Ich habe nichts den Nazis zu verdanken. Ich habe sie nicht um Publizität oder Protektion gebeten. Ich habe nur fortgesetzt, was ich schon im-*

mer getan habe – Musik geschrieben. Klaus Mann stimmt zu, einigermaßen hilflos «gegenüber der entwaffnenden Arglosigkeit» Lehárs. «Jeder mochte Lehárs Musik.» Wenn sie Hitler «aus Berchtesgaden beeindruckte, so war sie doch zugleich auch ein Hit auf dem Broadway».[528]

Beendet ist jene theaterlose Zeit, die Goebbels wegen des totalen Kriegseinsatzes zum 1. September 1944 verordnet hatte. In Wien erwacht das Theaterleben mit Mozart, Beethoven und Lehár. Bereits vom 19. Mai an läuft im Stadttheater *Friederike*, ab dem 26. Mai im Raimund-Theater *Das Land des Lächelns* (Direktion: Fritz Imhoff). Im Ischler Lehár-Theater singt Johannes Heesters Lieder aus *Zarewitsch* und *Graf von Luxemburg*. Das Berliner Metropol-Theater kündigt für Ende September Lehár als *Paganini*-Dirigenten an. Aber Schlaganfall, Augenübel und Sophies Angina pectoris verhindern die Fahrt nach Berlin.

Da es an ärztlicher Betreuung in Österreich mangelt, begibt sich das Ehepaar Lehár Ende Januar 1946 zur Behandlung nach Zürich. Es bewohnt ein Appartement im Hotel Baur au Lac (Talstraße 1) und hält sich strikt an die ärztlichen Verordnungen. Im Hotel treffen sie auf den Regisseur Willi Forst. Man diskutiert ein Filmprojekt über Lehárs Leben, sammelt Material und schwelgt in Erinnerungen. Unter den Gästen sind ihm die Gesangsstars am liebsten – wie Maria Jeritza, die noch immer eine «Jeritza-Operette» erhofft, oder die liebenswürdige Elfie Mayerhofer. Tagsüber fachsimpelt er gern mit dem Schweizer Musical-Komponisten Paul Burkhard («Feuerwerk»). Aus London kommt der alte Freund Paul Knepler, Librettist von *Paganini* und *Giuditta*, nach Zürich. Man erwägt neue Projekte, unter anderem «Louisa», eine Art *Giuditta* des zweiten französischen Kaiserreichs. *Glaub' mir, ich bin noch nicht ausgeschrieben, ich hab' noch so viel Musik in mir! So viel Musik!*[529]

Besonders rührt ihn Taubers Besuch. Er war der treueste Anwalt Lehár'scher Musik geblieben und erzählt, wie er im Herbst 1946 im New Yorker Shubert Theatre seinen Auftritt in *Yours Is My Heart (Land des Lächelns)* wegen arger Verstümmelungen vorzeitig abbrach. Lehár erfährt Genaueres über die Broadway-Reihe von *The Merry Widow*, die seit dem 4. August

Franz Lehár
in Zürich

1943 mit Martha Eggerth, Jan Kiepura und Robert Stolz 322-mal en suite lief. «Die Wiener Operette hatte nun einen festen Platz im amerikanischen Bewußtsein.»[530]

Radio Beromünster organisiert ein gemeinsames Konzert. Tauber singt noch einmal einige der wirkungsvollsten Lehár-Gesänge, der Meister dirigiert. Dann fliegt Tauber nach London zum Covent-Garden-Gastspiel der Wiener Staatsoper. Elisabeth Schwarzkopf und Maria Cebotari wirken mit, Josef Krips dirigiert. Am 27. September singt Tauber die Paraderolle des Octavio in Mozarts «Don Giovanni» mit nur einer funktionsfähigen Lunge, wie die Ärzte wenige Tage später feststellen. Einige Wochen kämpft Taubers starke Natur gegen Müdigkeit, Atembeschwerden und Husten an, bis das Herz am 8. Januar 1948 den Dienst versagt.

Einen Monat später dirigiert Lehár im überfüllten Züricher Kongresshaus Kompositionen seines Freundes. Der fast

Achtundsiebzigjährige ahnt, dass auch sein Abschied besiegelt, der Taktstock für immer aus der Hand zu legen ist. Von den Ärzten weiß er, dass ihm wenig Zeit verbleibt. So hatte Lehár vor Taubers Eintreffen in Zürich die Zukunft seines Glocken Verlages geregelt und dessen Leitung dem Juristen Dr. Otto Blau, einem Neffen des Verlegers Josef Weinberger, anvertraut. Der Verlagssitz blieb formell in Wien, Theobaldgasse 16. Eine Zweigstelle wurde in London, Mortimer Street 12–14, eingerichtet. (Die späteren Vertretungen Glocken Verlag Frankfurt am Main sowie Musik und Bühne Wiesbaden sind heute bei Weinberger/Wien, Neulerchenfelder Straße 3–7, konzentriert.)

Seit dem Eintreffen in Zürich hatte das Ehepaar Lehár mehr als ein Jahr sich dem öffentlichen Leben entzogen. Am 28. August 1947 besucht es eine *Paganini*-Aufführung im Stadttheater. Wenige Tage später, am 1. September, führen sie im Hotel-Appartement ein Gespräch mit zwei Freunden. Sophie verlässt in angeregter Stimmung den Raum. Ein Aufschrei dringt aus dem Nebenzimmer. Der herbeistürzende Lehár kann seine Frau nur noch als Tote im Arm halten. *Die Worte fehlen mir, um das mitzuteilen, was ich durchmache. Der einzige Trost ist, sie wußte nicht, daß sie sterben muß!* [531] Lehár vermag den Tod seiner Sophie nicht zu verwinden – seiner Weggefährtin, die ihn so leise und selbstlos begleitet, während der letzten Jahre in Ischl und Zürich so aufopfernd gepflegt hat. Einst «der beste und wunderbarste Mensch», ist er nun «furchtbar mißtrauisch geworden.» [532] *Ich bin nichts anderes mehr als ein alter, kranker Mann, der sein ganzes Leben nichts als seine Arbeit kannte, und der eigentlich am Leben vorbeigegangen ist. Was nützen mir jetzt alle meine Erfolge und Triumphe?* [533]

Da gab es in Wien ein Archiv, das ihm seine Herkunft, seinen Werdegang und seinen Erfolgsweg in nahezu lückenloser Vollständigkeit dokumentierte. Ein Leben lang hatte er Kritiken, Briefe, Dokumente, Noten, Fotos, Ehrenurkunden und Lorbeerkränze, Gedenkmünzen und Geschenke gesammelt. Er vermochte es seelisch nicht zu verkraften, dass sein Schlössl in Wien geplündert, sein kostbares Museum vernichtet worden war. Dem Zürich-Besucher Knepler versichert Lehár: *Ich bin bitter gemacht worden: meine Schaffenskraft ist gelähmt, die Lust am Schreiben ist mir vergangen.*[534] Direkter sagt er es einem Journalisten: Die Plünderung in Nußdorf werde er «den Wienern nie verzeihen, und er werde auch nie mehr nach Österreich und nach Wien zurückkehren, [...] höchstens in seine Villa nach Bad Ischl übersiedeln».[535]

Diese Rückkehr war ihm noch vergönnt. Ihn begleitete die um zwanzig Jahre jüngere Schwester Emilie Christine. Seit 1946 Witwe, zuvor verheiratet mit Generalmajor Stefan Papházay, hatte sie die Erziehung ihres Sohnes Ferenc abgeschlossen. In der Pflege ihres Bruders fand sie eine neue Aufgabe.

Sie treten, von den Ärzten ermuntert, Ende Juli 1948 die Rückkehr an. Mit dem Arlberg-Express geht es nach Salzburg, weiter mit dem Auto nach Bad Ischl. Dort wird Lehár herzlich empfangen. Er ist froh, ins vertraute Heim zurückzufinden, wo ihm alles freundlich zuzuwinken scheint: Figuren und Künst-

Musikzimmer mit dem von Richard Tauber geschenkten Broadwood-Flügel in der Lehár-Villa Bad Ischl

lerfotos mit Widmungen, der Flügel, den ihm Tauber geschenkt hat, das Arbeitszimmer, die Wohn-, Ess-, Ruhe- und Ankleideräume.

Der Meister pflegt sein Erscheinungsbild, lässt sich täglich rasieren und frisieren, er speist auch regelmäßig. Alles scheint geregelt. Nur eins bekümmert ihn: dass er nicht mehr zum Komponieren kommt. *Diese dumme Geschichte mit den Augen! Ich hätte so viele schöne Einfälle, so viele –! Wenn nur das Notenschreiben nicht gar so anstrengend wäre.*[536] Er hat «den grauen Star auf beiden Augen»[537]. Nun breitet sich Magenkrebs aus. Er ist ans Bettlager gebunden. Bluttransfusionen werden nötig. Er ist aber bei vollem Bewusstsein, als ihm am 14. Oktober 1948 die Ehrenbürgerschaft von Bad Ischl verliehen und die Ehrenurkunde überreicht wird. Müde, appetit- und schlaflos verbringt er die Tage und Nächte. Am 23. Oktober bekommt die Haushälterin Amalia Scaja von ihm zu hören: *Jetzt hab' ich alles Irdische erledigt – war die höchste Zeit […]. Ja, ja, mein liebes Kind, jetzt geht's ans Sterben …*[538] Kaum ausgesprochen, schläft er ein, um nicht mehr zu Bewusstsein zu gelangen. Am folgenden Tag stellen die herbeigerufenen Ärzte um 15 Uhr den Herzstillstand fest.

Zum Requiem am 30. Oktober 1948 erscheinen in der Pfarrkirche viele Verwandte, Freunde, Künstler, Offizielle, Neugierige und Reporter aus aller Welt. Der Leichenzug hält am Lehár-Theater, vor dem Prominente aus Politik, Kultur und Vereinswesen Gedenkworte sprechen. Dann führt der Kondukt über Kreuzplatz, Wirerstraße und Grazerstraße zum Friedhof. Dort wird der Sarg in der Familiengruft neben Mutter Christine und Gattin Sophie platziert: den beiden Engeln seines Lebens. *Du hast im Himmel viel Engel bei Dir* singen die Teilnehmer, während die Bergknappen-Kapelle das *Wolgalied* intoniert.

In Ischl hatte Lehár noch Gelegenheit gefunden, den Verbleib seiner Besitztümer und Rechte testamentarisch[539] zu regeln. *Zu meiner Universalerbin setze ich meine Schwester Emilie Papházay geborene Lehár ein.* Sein Bruder Anton Lehár erbt das Nußdorfer Schlösschen und wird auch sonst reichlich bedacht. (Baron von Lehár vermachte das Schlösschen, als er

1962 starb, dem Hausmeister-Ehepaar Hermine und Erich Kreutzer, das ihn seit 1951 aufopferungsvoll pflegen und das Schlössl als Museum offen halten konnte.) Die Stadt Bad Ischl erhält die Villa Lehárkai 8 mit dem Hintergebäude, um *ein Franz-Lehár-Museum zu bilden [...]. Diese Villa und ihre gegenwärtige Einrichtung ist in dem Zustand zu belassen, in dem sie übernommen wird. [...] Ich vermache der Stadt Ischl überdies meine Manuskript-Klavierauszüge meiner Bühnenwerke.* In der Weiterführung sämtlicher Verlagsunternehmen wird Dr. Otto Blau bestätigt. Er habe dafür Sorge zu tragen, *daß die Autoreninteressen in der gleichen Weise gewahrt werden wie meine eigenen als Komponist.* Entstellungen und Neubearbeitungen sind untersagt: *Ich wünsche, daß meine Werke so aufgeführt und veröffentlicht werden, wie ich sie gedacht habe.* Weitere Einkünfte kommen einem «Franz-Lehár-Fonds» der österreichischen Inkassostelle AKM zugute, in den seit 1962 auch die Mieteinnahmen des Hauses Theobaldgasse 16 fließen. Aus diesem Fonds sind viele Millionen DM *zur Unterstützung alter, unverschuldet in Not geratener Menschen* verwendet worden. Nicht zuletzt bedachte Lehár viele Bekannte, Funktionäre und Institutionen *in dankbarer Würdigung der mir [...] während der Zeit völlig ungerechtfertigter Angriffe gegen mich und meine Frau gehaltenen Treue.*

Für den Erbgang der Urheberrechts-Nachfolge kam nur Schwester Emmy in Frage. Als Bernard Grun für seine Lehár-Biographie (1970) mit der Universalerbin Emilie Papházay Kontakt aufnahm, erlebte er eine Überraschung. «Emmy verwaltete von Zürich aus das Andenken des Bruders, und auf einer blühenden Wiese vor einem englischen Landhaus in der Grafschaft Berkshire spielten ihre Enkelkinder, die Söhne und Töchter ihres Sohnes Ferenc – Franz Lehárs siebzehn Großneffen und Großnichten [...].»[540] Emmy starb mit 86 Jahren am 17. Dezember 1976 in Zürich. Von ihr erbte der Sohn, Legationssekretär a. D. Dr. Franz Papházay-Lehár, den Glocken Verlag und die Urheberrechte. Viele von seinen siebzehn Kindern haben nun ebenfalls Kinder und Kindeskinder. Sie alle sind Teilhaber des Lehár-Vermögens. Bis zum Ende des Tantiemen-Regens im Jahre 2018 werden mindestens fünfzig

«Lehárianer» wirtschaftlichen Gewinn aus der Nutzung jener Liebesmusiken Lehárs ziehen, die ihm einst seine *Seele diktiert*[541] hatte.

Wer heute den gepflegten Bergfriedhof in Bad Ischl besucht, findet die Lehár-Gruft in unmittelbarer Nähe der Grabstätten von Richard Tauber und Oscar Straus. Letzterer starb fünf Jahre nach Lehár am 11. Januar 1954. Straus war aus amerikanischer Emigration zur selben Zeit wie Lehár nach Ischl zurückgekehrt. «Es hat mich tief berührt, noch einmal mit ihm gesprochen zu haben.»[542] Man fachsimpelt und findet Gemeinsamkeiten. «Wir haben uns über die Operette – trotz unserer stilistischen Divergenzen – geeinigt: Sie muß stets ein Vorwand sein, schöne Musik und wahrhaft empfundene Herzenstöne erklingen zu lassen; sie muß Sängern die Möglichkeit geben, sich auszusingen, und dem Publikum, sich ungetrübt zu freuen!»[543] In puncto «Herzenstöne» hat Lehár ein Bekenntnis abgelegt, das der Todesanzeige im Faksimile beigefügt war: *Wenn ich Musik geschrieben habe, die ins Volk dringt, so habe ich doch ganz einen anderen Zweck verfolgt, als Unterhaltung zu bieten. Ich wollte ihr Herz erobern, in ihre Seelen dringen, und die vielen hundert Zuschriften, die ich aus allen Teilen der Welt erhalte, beweisen mir, daß es mir gelungen ist und daß ich nicht umsonst gearbeitet, gelebt habe.*[544]

Anmerkungen

Abkürzungen Archive: LM = LEHAR-MUSEUM (Bad Ischl), LRT = LEHAR-RATHAUS-TRESOR (Stadtgemeinde Bad Ischl), LSA = LEHAR-SCHLÖSSL-ARCHIV (Wien-Nußdorf), TGLA = TAUBER-GRIESSLER-LINKE-ARCHIV (Duisburg).
Abkürzungen Zeitungen: AZ = ARBEITER-ZEITUNG, BIZ = BERLINER ILLUSTRIRTE ZEITUNG, BMP = BERLINER MORGENPOST, BTB = BERLINER TAGEBLATT, BZAM = BERLINER ZEITUNG AM MITTAG, DF = DIE FACKEL, DIB = DAS INTERESSANTE BLATT, DP = DIE PRESSE, DrZ = DRESDNER ZEITUNG, DS = DIE STUNDE, DVB = DEUTSCHES VOLKSBLATT, DZ = DIE ZEIT, FB = FREMDENBLATT, GTP = GRAZER TAGESPOST, IKZ = ILLUSTRIERTE KRONENZEITUNG, LNN = LEIPZIGER NEUESTE NACHRICHTEN, LTB = LEIPZIGER TAGEBLATT, MP = MORGEN-POST, MTZ = MÜNCHENER TELEGRAMMZEITUNG, NFP = NEUE FREIE PRESSE, NWE = NEUES WIENER EXTRABLATT, NWJ = NEUES WIENER JOURNAL, NWT = NEUES WIENER TAGBLATT, ÖMZ = ÖSTERREICHISCHE MUSIK-ZEITSCHRIFT, ÖVZ = ÖSTERREICHISCHE VOLKSZEITUNG, WAZ = WIENER ALLGEMEINE ZEITUNG, WZ = WIENER ZEITUNG.
Abkürzungen Namen: AL = Anton (von) Lehár, CL = Christine Lehár, FL = Franz Lehár, L = Lehár, RT = Richard Tauber

1 Eduard Strauß: Erinnerungen. Wien 1906, S. 9
2 Ernst Decsey: FL. Wien 1924, S. 18
3 Wilibald Gurlitt (Hg.): Riemann Musiklexikon (12. Aufl.). Personenteil L–Z. Mainz 1961, S. 47
4 Zit. n. Joseph Wulf: Musik im Dritten Reich. Reinbek 1966, S. 437
5 FL: Vom Schreibtisch und aus dem Atelier. In: Velhagen & Klasings Monatshefte, Bielefeld 1912, S. 216
6 Edmund Nick: FL. In: Friedrich Blume (Hg.): Die Musik in Geschichte und Gegenwart, Bd. 8, Kassel 1960, S. 485
7 Trauungsregister, Faks.-Auszug in: Zoltán Szénássy: L. Komárno 1990, S. 34
8 Zu korrigieren sind die Stammtafel-Angaben bei Bernard Grun: Gold und Silber. München 1979, S. 310 und Otto Schneidereit: FL. Berlin 1984, Innenumschlag, nach den Angaben des Ahnenpasses, LSA; zur Topographie vgl. Preußische Landesaufnahme (Hg.): Altvater, 1921; Ravenstein Verlag (Hg.): Tschechoslowakei. Große Reisekarte. Bad Soden/Taunus 1991
9 Eugen Brixel/Gunther Martin/Gottfried Pils: Das ist Österreichs Militärmusik. Graz 1982, S. 349; Schneidereit (Fn. 8), S. 9
10 FL: Bis zur Lustigen Witwe. LTB 19. 4. 1908
11 Franz Mailer: Johann Strauß (Sohn). Bd. I, Tutzing 1983, S. 196
12 Otto Schneidereit: Franz von Suppè. Berlin 1977, S. 76 ff.
13 Brixel u. a. (Fn. 9), S. 327
14 Ebenda, S. 310, 308 f., 312 f., 321, 332, 337, 337 ff., 341; Max Schönherr/Eugen Brixel: Karl Komzák. Wien 1989, S. 25 ff.
15 Norbert Linke: Haslingers Trennung von den Strauß-Söhnen … und die manipulierte Präsentation C. M. Ziehrers als Strauß-Konkurrent. In: Ludwig Finscher/Albrecht Riethmüller (Hg.): Johann Strauß. Darmstadt 1995, S. 125 ff.
16 Mailer (Fn. 11), S. 231 ff.; Norbert Linke: Musik erobert die Welt. Wien 1987, S. 198 ff.
17 Brixel u. a. (Fn. 9), S. 142 ff.
18 Ebenda S. 310
19 Ebenda S. 316
20 Decsey (Fn. 2), S. 20
21 Linke 1987 (Fn. 16), S. 202 ff.;

Ausgaben in: Wiener Institut für Strauß-Forschung (Hg.): Strauß-Elementar-Verzeichnis. Tutzing 1997, S. 477 ff.
22 Walter Kleindel: Die Chronik Österreichs. Dortmund 1984, S. 393
23 Ironische Bezeichnung (nach k. k.) von Robert Musil: Der Mann ohne Eigenschaften. 1930/33
24 Decsey (Fn. 2), S. 20 f.; Schneidereit (Fn. 8), S. 12 ff.; Auskünfte aus dem Stadtmuseum und Jókai/Lehár-Museum Komárom
25 AL: Unsere Mutter. Wien 1930, S. 12
26 Grun (Fn. 8), S. 22
27 S. Szénássy (Fn. 7), S. 34
28 AL (Fn. 25), S. 7
29 Eingesehen im LSA
30 AL (Fn. 25), S. 14
31 Ebenda S. 11
32 Ebenda S. 12 f.
33 Ebenda S. 12
34 Ebenda S. 13
35 Ebenda S. 15
36 Ebenda
37 FL (Fn. 5), S. 212
38 Schneidereit (Fn. 8), S. 18 ff.
39 FL: FL erzählt. In: Das Deutsche Podium, Berlin, 26. 4. 1940
40 Ebenda
41 Ebenda
42 Diether de la Motte: Melodie. Kassel 1993, S. 97 (zur Melodik L's)
43 FL (Fn. 39)
44 FL: Musik – mein Leben. NWT 23. 9. 1944
45 Kleindel (Fn. 22), S. 407
46 Brixel u. a. (Fn. 9), S. 344 ff.; zu Komzák s. Schönherr/Brixel (Fn. 14), S. 51
47 Schönherr/Brixel (Fn. 14), S. 31
48 FL (Fn. 5), S. 212
49 Ebenda
50 Ebenda
51 Ebenda
52 Die Liste bei Schönherr: C. M. Ziehrer. Wien 1974, S. 685 ist zu berichtigen
53 Josef Adler/Clemens M. Gruber: Deutschsprachige Theater der Jahrhundertwende in alten Photographien. Wien 1987, S. 67
54 FL (Fn. 5), S. 212
55 Diplom: LSA
56 FL (Fn. 5), S. 212
57 Joachim Dorfmüller: Wuppertaler Musikgeschichte. Wuppertal 1995, S. 41
58 Norbert Linke: Johann Strauß (Sohn). Reinbek 1996 (4. Aufl.), S. 106. 112 f.
59 FL (Fn. 5), S. 212
60 Ebenda
61 Decsey (Fn. 2), S. 36
62 Schneidereit (Fn. 8), S. 31
63 Pass: LSA
64 FL: Der «Klassiker» Johann Strauß. NWJ 25. 10. 1925
65 Walter Zimmerli: Leo Fall – Meister der Wiener Operette. Zürich 1957, S. 10
66 Franz Stieger: Opernlexikon. Titelkatalog Bd. 3, Tutzing 1975, S. 1331; vgl. Decsey (Fn. 2), S. 31
67 FL (Fn. 5), S. 213
68 FL zit. n. Grun (Fn. 8), S. 42
69 FL (Fn. 5), S. 213
70 Programm bei Decsey (Fn. 2), S. 41
71 FL (Fn. 5), S. 213
72 Decsey (Fn. 2), S. 39
73 Ebenda S. 44
74 FL: Gesangsmeister sein ist schwer. In: BIZ Sonderheft: Das ist Österreich! Berlin (März) 1938
75 Ebenda
76 Max Schönherr: FL – Thematischer Index. London 1986, S. 125
77 Ebenda S. 115
78 Ebenda S. 124
79 FL (Fn. 5), S. 213
80 Ebenda
81 FL: Mein Werdegang. DZ 25. 10. 1907
82 FL (Fn. 5), S. 213
83 Schönherr (Fn. 76), S. 141
84 LSA
85 Schönherr (Fn. 76), S. 157; die Angabe «für Orchester» ist falsch, s. Friedrich Jancik: Alphabetisch geordnetes Verzeichnis ... FL. Wien 1932, S. 71

86 FL: L als Marinekapellmeister. NWT 10. 6. 1916
87 Schneidereit (Fn. 8), S. 36 ff.
88 Decsey (Fn. 2), S. 50
89 FL (Fn. 86); Foto von den Spielern an Bord des Schiffes bei Brixel u. a. (Fn. 9), S. 228
90 Ebenda
91 FL zit. n. H. G. Weinschenk: Künstler plaudern. Berlin 1941
92 Schlußszene F-Dur zu Anuschkas: Nach Jahr und Tag
93 FL (Fn. 39)
94 FL (Fn. 5), S. 213 f.
95 FL zit. n. Decsey (Fn. 2), S. 55 f.
96 Zit. n. A. D.-G.: Wiener Porträts. FL. NWJ 26. 4. 1903
97 Bernhard Vogel: Kukuschka. LNN 28. 11. 1896
98 Ludwig Hartmann: Kukuška. DrZ 29. 11. 1896
99 CL, Budapest 10. 12. 1896 (Fn. 25), S. 31
100 CL, Budapest 1896 (Fn. 25), S. 29 f.
101 FL sen., 22. 11. 1896. Faks. in: Decsey (Fn. 2), S. 58 f.
102 FL sen. (Fn. 2), S. 59
103 FL (Fn. 5), S. 214
104 FL (Fn. 81)
105 AL (Fn. 25), S. 25
106 FL (Fn. 5), S. 214
107 Ebenda
108 Ebenda
109 Decsey (Fn. 2), S. 66; von AL 1951 paraphrasiert: s. b. Schneidereit (Fn. 8), S. 51 und 365
110 Ebenda (paraphrasierter Original-Wortlaut Decsey)
111 Max Schönherr: Ästhetik des Walzers. ÖMZ. Wien Febr. 1976, S. 57 ff.
112 Ebenda S. 81 f.
113 Vgl. Schönherr (Fn. 52), S. 455 ff.; S. 458, IR-Programm unter L: «von zehn Programmnummern sind vier von Ziehrer»
114 «Concordia»-Kompositionen bei Max Schönherr: Lanner-Strauß-Ziehrer. Synoptisches Handbuch der Tänze und Märsche. Wien 1982, S. 469 ff.
115 Incipits bei Schönherr (Fn. 76), S. 138, 151
116 Vgl. Linke 1987 (Fn. 58), S. 260 ff.; J. Strauß Enkel blieb mit L befreundet
117 FL, zit. n. Grun (Fn. 8), S. 72; C-Dur-Hauptwalzer nach Das Leben ein Traum, Nr. 3a (Es-Dur), Ms.
118 FL (Fn. 5), S. 214
119 CL, Budapest 8. 8. 1900 (Fn. 25), S. 38
120 FL (Fn. 5), S. 214
121 Die Statistiken bei Otto Keller: Die Operette. Leipzig 1926, S. 420 ff.
122 Rudolf Holzer: Die Wiener Vorstadtbühnen. Wien 1951, S. 384
123 Vgl. Norbert Rubey / Peter Schoenwald: Venedig in Wien. Wien 1996
124 Anton Bauer: 150 Jahre Theater an der Wien. Wien 1952, S. 201 ff.
125 Ebenda S. 220
126 Holzer (Fn. 122), S. 388 ff.; Bauer (Fn. 124), S. 222 ff.
127 Bauer (Fn. 124), S. 224, 454; bereits am 16. 11. 1901 hatte L's Lied Der windige Schneider in Wedekind / Saltens Überbrettl-Variante «Zum lieben Augustin» im Theater an der Wien Premiere
128 Ebenda S. 226
129 Ebenda S. 227; Holzer (Fn. 122), S. 363 f.
130 FL (Fn. 5), S. 215
131 Rubey / Schoenwald (Fn. 123), S. 163 f.
132 FL, Brief vom 15. 6. 1902 an seine Mutter; LSA
133 FL (Fn. 5), S. 214
134 Ebenda S. 215
135 Ebenda
136 Holzer (Fn. 122), S. 282 ff., S. 400 f.
137 FL (Fn. 5), S. 215
138 Keller (Fn. 121), S. 427, 450
139 Decsey (Fn. 2), S. 79
140 Stan Czech: FL Berlin 1940, S. 81; vgl. Stan Czech: Schön ist die Welt. Berlin 1957, S. 114 f.
141 N. N., FB Wien 21. 12. 1902; zit. n. Schneidereit (Fn. 8), S. 78
142 Johannes Scholtze: Vollständiger

Operettenführer. Berlin o. J. (2. A.), S. 123
143 FL (Fn. 81)
144 Foto bei Schneidereit (Fn. 8), S. 79
145 FL: Giuditta. Klavierauszug W. K. 2039 (später: Glocken Verlag). Wien 1933, Nr. 18, S. 153 f.
146 Ebenda S. 159
147 Paul Möhring: Das andere St. Pauli. Hamburg o. J., S. 68 f.
148 FL (Fn. 5), S. 215
149 Holzer (Fn. 122), S. 423 f.; Keller (Fn. 121), S. 161 ff.
150 Holzer (Fn. 122), S. 424; Keller (Fn. 121), S. 185 ff.
151 AL (Fn. 25), S. 37
152 KI. A. unvollständig, 26. 5. 1903–4. 1. 1904; Adressenstempel Schleifmühlgasse 1 a; LSA
153 FL: eigenh. Part., Wien 8. 12. 1903–17. 1. 1904; LRT Reg. Nr. 1
154 FL: Die Juxheirat. KI. A. J.W. 1389. Wien o. J., Nr. 2, Damen-Quintett
155 Bauer (Fn. 124), S. 457
156 Holzer (Fn. 122), S. 404
157 Johann Strauß, zit. n. Linke 1996 (Fn. 58), S. 146
158 Holzer (Fn. 122), S. 404
159 Ludwig Karpath, NWT zur Uraufführung «Das süße Mädel» 25. 10. 1901, zit. n. Holzer (Fn. 122), S. 393
160 Holzer (Fn. 122), S. 404
161 Ludwig Karpath, NWT 23. 12. 1904
162 Girardi, zit. n. Holzer (Fn. 122), S. 404
163 David Bach, AZ zit. n. Holzer (Fn. 122), S. 637
164 Holzer daselbst, S. 639
165 Richard Specht, DZ, Wien 23. 12. 1904
166 Vgl. Moritz Csáky: Ideologie der Operette und Wiener Moderne. Wien 1996, S. 147 ff.
167 Moritz Csáky: Identität – in der Operette zu finden? DP Wien 16./17. 4. 1983
168 FL (Fn. 5), S. 215 f.
169 Decsey (Fn. 2), S. 23: «wie der Armeewitz im alten Österreich die Soldatenkinder nannte».
170 FL: Aus der Geschichte meiner Karriere. DS 27. 4. 1930
171 Ludwig Karpath: Tatjana. NWT 11. 2. 1906
172 FL: Ich wäre beinahe ein Opernkomponist geworden! Wie meine Tatjana entstand. NWJ 14. 12. 1937
173 CL, Wien 1905 (Fn. 25), S. 49
174 Volker Klotz: Operette. München 1991, S. 443
175 FL: Militärkapellmeister und Lustige Witwe. NWT 24. 12. 1911
176 FL: Skizzen 1905–1908. Bd. II; LSA
177 FL (Fn. 5), S. 216
178 FL: eigenh. Part., Wien 24. 12. 1905; LRT Reg. Nr. 15 a
179 Die Zunahme anekdotischer Verbrämungen illustriert eingehend Ernst Decsey: FL. München 1930, S. 43 ff. im Vergleich mit Decsey (Fn. 2), S. 89 ff.; korrekter: Czech 1940 (Fn. 140), S. 100 ff. und Schneidereit (Fn. 8), S. 93 ff.
180 Zimmerli (Fn. 65), S. 13
181 FL (Fn. 5), S. 216
182 Ludwig Karpath: Theater an der Wien. NWT 31. 12. 1905
183 Czech 1940 (Fn. 140), S. 108 f.
184 Ebenda, S. 110 f.
185 FL: Die lustige Witwe. KI. A. D. 3366, Doblinger. Wien 1906, S. 136 f. (Duett Nr. 15)
186 FL: «Schöpfer der reformierten Operette», habe «die Ära der nachstraußischen Tanzoperette» eingeleitet, so Edmund Nick, MGG, Bd. 8, Kassel 1960, S. 493 f.; Klotz (Fn. 174), S. 178: Die lustige Witwe als «nie mehr ganz erreichter Höhepunkt» der Tanzoperette
187 Czech 1940 (Fn. 140), S. 112
188 Franz Hadamowsky/Heinz Otte: Die Wiener Operette. Wien 1947, S. 326
189 Czech 1940 (Fn. 140), S. 113, in Paraphrase Decseys (Fn. 2), S. 103
190 Zum Vilja-Lied hat Decsey (Fn. 2), S. 103 notiert: «zwei silberige Melo-

diefäden der Soloviolinen über geteilten Tutti-Geigen, vierfache Teilung»; den Obertonschleier findet man in den Nummern 7, 12, 12a, 14
191 Ungarische Kritik (1907), zit. n. Csáky (Fn. 166), S. 150
192 Felix Salten: Die neue Operette. DZ 1906; zit. n. Schneidereit (Fn. 8), S. 107f.
193 Csáky (Fn. 166), S. 91ff.; vgl. Christian Marten: Die Operette als Spiegel der Gesellschaft. FL's Die lustige Witwe. Frankfurt a. M. 1988, S. 77ff.
194 Csáky (Fn. 166), S. 95
195 FL (Fn. 185), S. 102f. (Finale II Nr. 12)
196 In vielen Editionen nachgedruckt; vgl. Alexander Sixtus von Reden / Josef Schweikhardt: Eros unterm Doppeladler. Wien 1993, S. 184; Helfried Seemann / Christian Lunzer (Hg.): Das süße Mädel. Wien 1994, S. 76
197 Salten (Fn. 192); bei Schneidereit (Fn. 8) S. 108
198 FL, zit. n. Möhring (Fn. 147), S. 69
199 Möhring ebenda, S. 69f.
200 Ebenda S. 70ff.; Otto Schneidereit: Berlin wie es weint und lacht. Berlin 1976, S. 147f.
201 N. N., Berliner Börsen-Courier 2. 5. 1906, zit. n. Decsey (Fn. 2), S. 87
202 FL (Fn. 5), S. 216
203 Decsey (Fn. 2), S. 13
204 Grun (Fn. 8), S. 139
205 FL (Fn. 5), S. 216
206 Decsey (Fn. 2), S. 96
207 Nick (Fn. 186), S. 488
208 Zuerst Specht bei Holzer (Fn. 122), S. 403
209 Holzer daselbst, S. 404; der moderne Begriff «Musical» entstand durch die Verkürzung des Witwe-Begriffs «Musical Comedy»; Land des Lächelns hieß 1932 «Musical Play», ebenso wie Jerome Kerns «Showboat» (1928)
210 Alexander Witeschnik: Musik aus Wien. Wien 1955, S. 398
211 Klaus Pringsheim: Operette. Süddeutsche Monatshefte (Hg. P. N. Cossmann). München 1912, Bd. 2, S. 185
212 FL (Fn. 81)
213 CL, Wien 1906 (Fn. 25), S. 50
214 Ebenda, S. 51
215 FL: Postkarte an k. u. k. Hauptmann AL, Komárom; Ischl 28. 7. 1906
216 CL, Ischl 1906 (Fn. 25), S. 51f.
217 Abb. b. Schneidereit (Fn. 8), S. 117
218 Karl Kraus: DF Nr. 274. Wien 27. 2. 1909, S. 18
219 Hadamowsky / Otte (Fn. 188), S. 314ff., 399ff.; vgl. Richard Groner: Wien wie es war. 3. Aufl., Wien 1934, S. 494ff.
220 Hadamowsky / Otte (Fn. 188), S. 309f.; Groner (Fn. 219), S. 499, 505
221 Statistik nach Hadamowsky / Otte (Fn. 188), S. 399ff.
222 Vgl. Hadamowsky / Otte (Fn. 188), S. 410ff.: Gartenbau, Schumann, Rideamus
223 Kraus: DF Nr. 239–240. Wien 31. 12. 1907, S. 40
224 Keller (Fn. 121), S. 427; ebenda auch die übrigen Zahlen
225 Vgl. Möhring (Fn. 147), S. 68ff.
226 Harald Bachmann / Jürgen Erdmann (Hg.): 150 Jahre Coburger Landestheater. Coburg 1977, S. 272
227 Nick (Fn. 186), S. 488
228 Wolfgang Victor Ruttkowski: Das literarische Chanson in Deutschland. Bern 1966, S. 12ff. u. 70f. (Straus); Klaus Budzinski: Das Kabarett. Düsseldorf 1985, S. 279f.; Franz Mailer: Oscar Straus. Wien 1985, S. 24ff.
229 Schneidereit (Fn. 200), S. 147ff.
230 FL: eigenh. Partitur, Wien 17. 1. 1908; LRT Reg. Nr. 9
231 Decsey (Fn. 2), S. 93; Decsey 1930 (Fn. 179), S. 49; Zimmerli (Fn. 65), S. 19
232 Vgl. Zimmerli daselbst, S. 10
233 Bauer (Fn. 124), S. 233, 460
234 FL: Der Mann mit den drei Frauen, Nr. 19 (Schlussgesang)

235 Karl Schreder: Der Mann mit den drei Frauen. DVB 22. 1. 1908
236 Norbert Linke: Deutsch-jüdische Lebensformen in der Operette. In: Peter Berghoff (Hg.): Aspekte zur deutsch-jüdischen Geschichte. Duisburg 1996, S. 103 ff.
237 Beide Klavierauszüge im LSA
238 Vgl. Schneidereit (Fn. 8), S. 120 ff.; Grun (Fn. 8), S. 261
239 FL (Fn. 176), S. 1 f.
240 Walter Haas: Das Schlagerbuch. München 1957, S. 19, 118 f. («Melodie-Schimmel» und «Text-Schimmel»)
241 N. N.: L rehabilitiert den Graf von Luxemburg. NWJ 22. 9. 1929
242 FL, zit. n. Emil Steininger: Bevor der Vorhang aufgeht. NWJ 6. 1. 1929
243 Linke (Fn. 58), S. 153 f.
244 Pseudonym für Felix Salten, den später weltberühmten «Bambi»-Erfinder; für Saltens «Jung-Wiener Theater zum lieben Augustin» (1901) komponierte L zwei Szenen (s. Fn. 127)
245 Auch «Das Musikantenmädel» (1910) war sehr erfolgreich; vgl. Franz Stieger: Opernlexikon. Librettisten. Bd. I, Tutzing 1979, S. 133 f.
246 Keller (Fn. 121), S. 427 (FL 6. Platz), S. 421 (Strauß-Bearb. 32. Platz)
247 Decsey (Fn. 2), S. 112; Fürstenkind-Zitat: bs: Theater und Kunst. Johann-Strauß-Theater. NWJ 8. 10. 1909
248 N. N.: FL's Operette Der Graf von Luxemburg. NFP 15. 11. 1909
249 N. N.: Theater, Kunst und Literatur. Der Graf von Luxemburg. DVB 13. 11. 1919
250 Alfred Döblin: Zur Aufführung Der Graf von Luxemburg 1910 im Neuen Operettentheater Berlin, zit. n. Hermann Kaubisch: Operette. Berlin, 1955, S. 80 ff.
251 Klotz (Fn. 174), S. 449
252 Fritz Jacobsohn über Zigeunerliebe in: Hans Gregors komische Oper. Berlin 1912
253 Möhring (Fn. 147), S. 73 f.
254 Bogumil Zepler: Vorwort zu FL: Zigeunerliebe. Musik für alle. Berlin o. J.
255 Decsey (Fn. 2), S. 12
256 Emil Steininger: Wie Ischl von der Operette annektiert wurde. NWJ 9. 6. 1929
257 FL: Eintragung vom 22. 7. 1939 ins Gästebuch Bad Ischl; Faks. b. Maria von Peteani: FL. Wien 1950, S. 204; Franz C. Lipp: Ischler Albumblätter. Linz 1980, S. 159
258 FL: Skizzenbuch B III (ab 2. 9. 1910) mit Querverweisen auf Heft 4 (6. 2. 1911) und Heft 7 (22. 6.); LSA
259 Ebenda ab 14. 9. 1910 bis 27. 9. (u. a. I. Finale); im Skizzenbuch B IV Eva-Melodien ab 7. 10. 1910, La Zwanzinette am 13. 10. 1910; LSA
260 Vgl. Möhring (Fn. 147), S. 73
261 FL, Wien 18. 11. 1910, Zettelnotiz; Auszug TGLA
262 n. Stan Czech: Schön ist die Welt. Berlin 1957, S. 158
263 FL: eigenh. Part., 21. 11. 1911 (Ende von Nr. 18); LRT Reg. Nr. 7
264 FL, zit. n. Kraus: DF, Nr. 363–365, Wien, 12. 12. 1912, S. 54
265 Vgl. «Ein Deutschmeister» von Elmar (1863), später von Ziehrer (1888); «Deutschmeister und Wäschermadeln» von Roth (1874); «Die Deutschmeister im Brucker Lager» von Kleiber (1878); «Die Deutschmeister sind da» von Berger (1894)
266 Kleindel (Fn. 22); S. 454
267 Wilhelm Karczag: Operetten und musikalische Komödien. NWJ 12. 4. 1914
268 FL (Fn. 264)
269 N. N.: FL's Operette Eva. NFP 25. 11. 1911
270 Klotz (Fn. 174), S. 454
271 Vgl. Schönherr (Fn. 76), S. 148
272 Henry Grunwald u. a.: Ein Walzer muß es sein. Wien 1991, S. 151
273 FL: Brief an AL vom 3. (?) 1912; Auszug TGLA
274 Stadtgemeinde Bad Ischl (Hg.):

L-Museum Bad Ischl (mit Heimatmuseum). Bad Ischl o. J.
275 FL: Brief an AL vom 12. 7. 1912; Auszug TGLA
276 Ebenso vom 27. 8. 1912
277 Ebenso vom 2. 12. 1912
278 S. Fn. 273
279 Ebenda
280 Ebenso vom 24. 11. 1912
281 Ebenso vom 18. 10. 1912
282 FL: Aus dem Entwurf eines Artikels; Auktionskatalog J. A. Stargardt Nr. 615
283 FL: Brief an AL vom 16. 12. 1912; Auszug TGLA
284 Nach «Das süße Mädel» die erfolgreichste Operette Reinhardts; vgl. Keller (Fn. 121), S. 429, 452; L bezeichnete «Prinzeß Gretl» als «Operette tiefsten Tiefstandes» (Schreiben an Toni vom 2. 2. 1913)
285 FL: FL über Tango und Walzer. NWT 5. 10. 1913
286 FL: eigenh. Kl. A., zu Wenn Bolett (Nr. 18 und Finale); LSA
287 Ludwig Hirschfeld: FL's Operette Die ideale Gattin. NFP 12. 10. 1913
288 C. M. Ziehrer: Es lebe der Walzer! NWJ 1. 11. 1913; vgl. Schönherr (Fn. 52), S. 511
289 Grunwald (Fn. 272), S. 79 ff.
290 Vgl. Bauer (Fn. 124), S. 466
291 FL: Was ich gerne komponiere? NWT 31. 3. 1918
292 Ebenda
293 Vgl. Czech 1940 (Fn. 140), S. 164 ff.
294 Vgl. Hanspeter Krellmann: Anton Webern. Reinbek 1975, S. 35
295 FL: Brief an AL, Ischl 17. 8. 1914; Auszug TGLA
296 Franz Stieger: Opernlexikon. Titelkatalog. Bd. II, Tutzing 1975, S. 680
297 Alban Berg: Briefe an seine Frau. München 1965, S. 281 (31. 12. 1914)
298 Webern am 25. 2. 1916 an Alexander Zemlinsky, zit. n. Stefan Frey: «Was sagt ihr zu diesem Erfolg». Frankfurt a. M. 1999, S. 182
299 FL: Skizzenbuch B IX (ab 12. 4. 1914), S. 14; LSA
300 Vgl. Schneidereit (Fn. 200), S. 180 ff.
301 Bauer (Fn. 124), S. 238; S. 466: bis zum 1. 11. 1916 82mal gegeben
302 Vgl. Fn. 299
303 FL: Skizzenbuch B VII, Zitat Wien 12. 11. 1915; LSA
304 FL: Rückkehr FL's aus Lille. NWT 27. 6. 1916
305 FL: eigenh. Part., Bad Ischl 30. 9. 1917 (Nr. 13); LRT Reg. Nr. 16; Nachträge bis 1918
306 Martin Lichtfuss: Operette im Ausverkauf. Wien 1989, S. 192
307 AL: Erinnerungen. Hg. von Peter Broucek. Wien 1973, S. 17
308 Holzer (Fn. 122), S. 399; vgl. Hadamowsky/Otte (Fn. 188), S. 348
309 Holzer daselbst, S. 404
310 FL: Skizzenbuch B? (ab 28. 12. 1917), vier Versuche; LSA
311 FL: Skizzenbuch B 11 (ab 3. 3. 1917); ebenda die Melodien vom 12./13. 8. 1918; LSA
312 FL: Brief an AL, 1919 (Auszug TGLA): studiert mit der Jeritza Die lustige Witwe und hat sich «wieder einmal gründlich verkühlt!»
313 FL: Brief an AL vom 17. 2. 1920; Auszug TGLA
314 FL: eigenh. Partitur, begonnen am 5. 4. 1920; LRT Reg: Nr. 5
315 Grun (Fn. 8), S. 198
316 Decsey (Fn. 2), S. 136
317 FL: Brief an AL, 10. 9. 1920; Auszug TGLA
318 Skizzenbuch (Fn. 310); unter «Amerika» ist «Americana» zu verstehen: die in Spanien übliche Bezeichnung für Habanera und Tango
319 FL: Brief an AL (ca. Mitte November 1920); Auszug TGLA
320 FL: Frasquita. Klav.-Ausz. J.W. 2287, J. Weinberger. Leipzig 1933; Finale II
321 FL: Frasquita, eigenh. Klav.-Ausz., Wien 26. 11. 1920 bis 7. 2. 1921 (Nachträge bis 4. 4. 1922); LSA
322 Grunwald (Fn. 272), S. 109

323 Schneidereit (Fn. 8), S. 190
324 Vgl. Schönherr (Fn. 76), S. 37 (Der Göttergatte), S. 43: Tausend rote Rosen (Die ideale Gattin)
325 Schneidereit (Fn. 8), S. 190
326 Felix Czeike: Wiener Bezirkskulturführer, VI. Mariahilf. Wien 1981, S. 17
327 FL: eigenh. Partitur. Bad Ischl 15. 10. 1921 bis Wien 24. 4. 1922, 350 S., Nachtrag 26. 2. 1938, LRT Reg. Nr. 10
328 Lichtfuss (Fn. 306), S. 153; vgl. S. 188
329 Ebenda S. 153 f.; vgl. Schneidereit (Fn. 8), S. 234
330 FL: Frasquita, eigenh. Klav.-Ausz. (Fn. 321), Nachtrag Wien 2. 3. 1922
331 Grun (Fn. 8), S. 202
332 Ebenda
333 Kraus: DF, Nr. 657–667, Wien August 1924, S. 122
334 Julius Stern: Wiener Theaterwoche. ÖVZ 5. 11. 1922; TGLA
335 N. N.: Theater an der Wien. NWJ 12. 7. 1922; TGLA
336 FL: Skizzenbuch I Hochformat, begonnen in Ischl 25. 6. 1922; Versuche zu Dein ist mein ganzes Herz 8. 9. 1922; LSA
337 Stern (Fn. 334)
338 RT im Interview mit Stern (Fn. 334)
339 N. N.: Die teuren «Perlen der Cleopatra». Der Morgen, Wien 20. 11. 1923; TGLA
340 FL: Brief an AL, Wien 14. 6. 1926; Auszug TGLA
341 FL: Skizzenbuch B? (Fn. 310); LSA
342 Ernst Decsey: Die gelbe Jacke. NWT 10. 2. 1923
343 Ludwig Hirschfeld: Die neue L-Operette Die gelbe Jacke. NFP 10. 2. 1923
344 Kraus: DF, Nr. 239–240, Wien 31. 12. 1907, S. 39 (S. 40)
345 Bauer (Fn. 124), S. 469
346 Foto des Theaters b. Schneidereit (Fn. 8), S. 199; Felix Czeike: Wiener Bezirkskulturführer. VIII. Josefstadt. Wien 1980, S. 64 f.
347 III. Vordere Zollamtsstraße 13, Foto b. Schneidereit (Fn. 8), S. 201; Groner (Fn. 219), S. 494
348 Hadamowsky/Otte (Fn. 188), S. 404 ff.
349 FL: Cloclo, eigenh. Klav.-Ausz. Bleistift, 133 S., beendet am 14. 2. 1924. 1/2 4 h früh; LSA
350 Otto Schneidereit: Eduard Künneke der Komponist aus Dingsda. Berlin 1978; S. 119 (Lady Hamilton 1926 in Breslau: «zum ersten Male das Saxophon» ist zu berichtigen)
351 Klotz 1991 (Fn. 174), S. 458
352 Czech 1940 (Fn. 140), S. 205
353 D.: Clo-Clo, die neue L-Operette. NWT Wien 9. 3. 1924
354 Hirschfeld: Die neue L-Operette Clo-Clo. NFP Wien 9. 3. 1924
355 Klotz (Fn. 174), S. 457 f.
356 RT: Mein Abschied von der Operette. NMJ Wien 10. 2. 1924; TGLA
357 RT: Wie sind die Schlager Gern hab' ich die Frau'n geküßt und Willst Du entstanden? – in: Die Rampe 1928; TGLA
358 Geb. 1869 in Rheydt (Mönchen-Gladbach), gest. 1950 in Wörrishofen. Stimmbildner in Freiburg i. Br., Berlin, München, seit 1926 TH Darmstadt; Komponist der Operette «Die Gemsjagd» (UA 1909 Barmen)
359 Karl Marilaun: Gespräch mit Kammersänger RT. NWJ 10. 10. 1922; TGLA
360 RT: Warum? O. A. 23. 12. 1922; TGLA
361 Ebenda
362 FL: Die Operette, wie ich sie mir vorstelle. BTB 4. 2. 1926
363 FL: Wie entsteht eine Melodie? NWJ 25. 12. 1937
364 FL: Skizzenbuch II Hochformat (Beginn: 13. 10. 1922); LSA
365 FL: Paganini, eigenh. Klav.-Ausz., Paris 7. 5. 1925 bis Wien 18. 6. 1925; LSA

366 Franz Mailer: Weltbürger der Musik. Eine Oscar-Straus-Biographie. Wien 1985, S. 125 ff.
367 Schneidereit (Fn. 8), S. 215
368 FL: Paganini, eigenh. Part., 339 S., Bad Ischl 18. 8. 1925 bis Wien 28. 10. 1925, Nachtrag Berlin 24. 1. 1926; LSA
369 Ernst Decsey: Paganini. NWT 31. 10. 1925; Carl Clewing ist Komponist des Popularliedes «Alle Tage ist kein Sonntag»
370 Julius Bistron: Johann-Strauß-Theater. NWJ 31. 10. 1925
371 Carl Zuckmayer: Alls wär's ein Stück von mir. Hamburg 1971, S. 454 ff.
372 FL: Brief an AL, Berlin 24. 1. 1926; Auszug TGLA
373 FL: zit. n. Otto Schneidereit: RT. Berlin 1988, S. 72
374 L. S.: L's Paganini im Deutschen Künstlertheater. BTB 31. 1. 1926
375 Rudolf Kastner, zit. n. Schneidereit (Fn. 373)
376 Ebenda
377 Erich Urban, zit. n. Schneidereit (Fn. 373), S. 73
378 Vgl. Schneidereit (Fn. 8), S. 210
379 Georg von Wysocki, zit. n. Schneidereit (Fn. 373), S. 121
380 FL: Brief an AL, Berlin 2. 3. 1926
381 Pseudonym für Lotte Wanda, geboren in Hamburg; Trauungshinweis: NWJ 19. 3. 1926; TGLA
382 Möhring (Fn. 147), S. 75 f.
383 Schlaraffenrat der Schlaraffenreyche in Deutschland (Hg.): Derer Schlaraffen-Lieder. Bonn 1950, S. XXIII (F. L. = Ritter Tonreich der Notendrucker): M 15 Devasthymne; M 36 Schlaraffenreych, wie bist du traut
384 FL: Brief an AL, Wien 8. 11. 1926; Auszug TGLA
385 FL: Brief an AL, Wien 12. 6. 1926; Auszug TGLA
386 FL: Brief an AL, Bad Ischl 17. 7. 1926; Auszug TGLA
387 FL: Der Zarewitsch, eigenh. Klav.-Ausz., 171 S., Bad Ischl 16. 7. – 9. 10. 1926; LSA
388 FL: Brief an AL, Bad Ischl 12. 8. 1926; Auszug TGLA
389 FL: Brief an AL, Bad Ischl 26. 8. 1926; Auszug TGLA
390 Vgl. Fn. 387
391 RT (Fn. 357)
392 Daselbst der «Schimmel»-Hinweis von RT
393 FL: Der Zarewitsch, eigenh. Partitur, 425 S., begonnen am 9. 11. 1926, beendet Berlin 14. 2. 1927, Nachträge Bad Ischl 10. 7. – 20. 8. 1927; LRT Reg. Nr. 4
394 Ebenda
395 Schrenk: Der Zarewitsch. Deutsches Künstlertheater. DAZ 17. 2. 1927
396 Moritz Loeb, BMP, zit. n. Schneidereit (Fn. 373), S. 83
397 Erich Urban, BZAM, zit. n. Schneidereit (Fn. 373), S. 82
398 N. N.: T singt am 15. wieder in Wien. Er hat seinen Vertrag mit der Staatsoper gekündigt. Zeitungsausriss Wien 15. 4. 1927; TGLA
399 FL: Brief an AL, Bad Ischl 20. 7. 1927; Auszug TGLA
400 FL: Der Zarewitsch. Kl.-Ausz. D. M. V. 3687. Berlin 1927, S. 93 f.
401 FL: Brief an AL, Bad Ischl 6. 7. 1927; Auszug TGLA
402 N. N.: FL und RT im Gärtnerplatztheater. MTZ 5. 9. 1927; TGLA
403 FL: Brief an AL, Stuttgart 16. 9. 1927; Auszug TGLA
404 FL: Brief an AL, Wien 13. 12. 1927; Auszug TGLA
405 FL: Brief an AL, Berlin o. D. (Berliner Paganini-Premiere); Auszug TGLA
406 FL: Brief an Toni, Wien 28. 12. 1926; Auszug TGLA
407 Witeschnik (Fn. 210), S. 401
408 FL: Der neue Weg der Operette. NWJ 19. 10. 1929
409 Ebenda
410 Kraus: DF, Nr. 820–826, Wien Ende Oktober 1929, S. 47

411 Siegfried Geyer: DS 28. 9. 1930; TGLA
412 Schneidereit (Fn. 200), S: 271ff.
413 Ebenda S. 110ff.; vgl. Ingrid Heinrich-Jost: Auf ins Metrcpol. Berlin o. J.
414 Schneidereit (Fn. 200), S. 277
415 schr.: Der Graf von Luxemburg, BZAM 25. 2. 1928
416 FL: Das Geheimnis meines Erfolges. NFP 19. 7. 1928
417 Ebenda
418 Vgl. Spidem (Hg.): Chronik deutscher Unterhaltungsmusik. Bonn 1991, S. 26ff., 533: 30 Evergreens von «Auf der grünen Wiese» bis «Wo sind deine Haare»
419 FL: Brief an Toni, Bad Ischl 26. 7. 1927; Auszug TGLA
420 Dito vom 28. 7. 1927
421 RT in: C. Segalow: Gespräch mit dem Künstler. WAZ 8. 2. 1928
422 N. N.: Was Berliner Schauspieler verdienen. Zeitungsausriss 1928; TGLA
423 c.: Tauber als Zarewitsch, DS 14. 7. 1928; TGLA
424 RT in: RT singt heute den Zarewitsch. DS 13. 7. 1928; TGLA; vgl. Schneidereit (Fn. 373), S. 101
425 FL: eigenh. Partitur, Bad Ischl 20. 7. 1928 bis Wien 20. 9. 1928, Nachträge Berlin 29. 9. und 11. 12. 1918; LRT Reg. Nr. 12 und 6
426 L-Interview 1940, zit. n. Lichtfuss (Fn. 306), S. 294f.
427 Vgl. Schneidereit (Fn. 200), S. 234
428 RT: Wie ich mich als junger Goethe fühle. Tempo 27. 9. 1928; TGLA
429 Kurt Pinthus: (Über Friederike) Vogue. Berlin November 1928; TGLA
430 Schneidereit (Fn. 8), S. 238f.
431 Ernst Bloch: Philosophie der Musik. Frankfurt a. M. 1974: L – Mozart (1928), S. 194f.
432 Kraus (Fn. 410), S. 50
433 Fototextleiste zu: T singt wieder im Theater des Westens. Berlin Februar 1929; TGLA
434 Otto Schneidereit: Fritzi Massary. Berlin 1970, S. 105ff.
435 Zit. n. Schneidereit (Fn. 373), S. 91
436 Ebenda
437 FL: Wie entsteht ein Schlager? NFP 24. 4. 1932
438 FL: eigenh. Partitur, ältere Part. Teile seit 30. 1. 1923; Wien 25.–28. 9. 1929; LRT Reg. Nr. 13
439 Möhring (Fn. 147), S. 78
440 Otto Schneidereit: Operette A–Z. Berlin 1983, S. 169
441 Czech (Fn. 262), S. 245
442 Die Antwortschreiben gelangten in Koffern nach Wien, wo sie L später auf dem Dachboden fand; FL, zit. b. Czech 1940 (Fn. 140), S. 265
443 Decsey (Fn. 179), S. 9
444 F. C. Lange: Das Musikalische Theater. Linz 1947, S. 556; vgl. Max Graf: Legende einer Musikstadt. Wien 1952, S. 254: «der erfolgreichste Operettenkomponist unserer Zeit»
445 R. Kindermann: Das Land des Lächelns. Zeitungsausriss Wien 29. 9. 1930; TGLA
446 r.: L's Land des Lächelns. NFP 29. 9. 1930; TGLA
447 Ausführliche Berichterstattung, Illustrierter Filmkurier, u. a. im TGLA: interne Voraufführung 24. 10. 1930 im Apollo, nach der UA am 8. 11. ab 9. 11. auch im Schweden-Kino
448 K. W.: Immer nur lächeln ... RT über seine neue Tonfilmrolle. Filmwoche 1930; TGLA
449 FL: eigenh. Partitur, ältere Teile Wien seit 13. 12. 1913; Wien 11. – 23. 11. 1930, Berlin 27. – 29. 11. 1930; Nachträge 1931, 1934, 1935; LRT Reg. Nr. 2
450 Bauer (Fn. 124), S. 476: 313mal 23. 12. 1932 bis 14. 11. 1935, das erfolgreichste Werk seit «Der Orlow» 1925 von Granichstaedten (428-mal)
451 RT: RT in Wien. NFP 11. 10. 1931; TGLA
452 Vgl. Verzeichnis der Hotelkapel-

len in: Der Tanz. Berlin Nov. 1927, S. 31 und folgende Ausgaben
453 N. N.: Politische Demonstration gegen RT. GTP 24. 10. 1932; TGLA
454 Theo Stengel/Herbert Gerigk (Hg.): Lexikon der Juden in der Musik. Berlin 1940, S. 232f.; über Friedmann-Frederich S. 78 (Tod 1934 in Prag); vgl. N. N.: Fritz Rotter von Nazispitzeln verfolgt. Echo. Wien 7. 11. 1934; TGLA
455 Ebenda 1940, S. 272
456 FL: L über seine Giuditta. NWJ 14. 9. 1932
457 Videns: Das L-Schlößchen in Nußdorf. NWJ 4. 6. 1933
458 FL in: RT: Mein Wiener Gastspiel in Lehárs Giuditta. NWJ 11. 5. 1933; TGLA
459 FL (Fn. 456)
460 FL: L über sein reifstes Werk: Giuditta. NWE 19. 1. 1934
461 Linke (Fn. 58), S. 143ff.
462 N. N.: Das Publikum der Festpremiere. NWJ 21. 1. 1934; Heinrich Kralik: Giuditta. NWT 21. 1. 1934; TGLA
463 Max Graf: L's Giuditta in der Wiener Staatsoper. Der Tag. Wien 21. 1. 1934; TGLA
464 Ebenda: «der echte Filmtext»
465 pp.: L wird opernfähig. AZ 21. 1. 1934; TGLA
466 Ernst Decsey: Der Esel Aristoteles. WTB 27. 1. 1934; TGLA
467 Joseph Marx: Uraufführung von L's Giuditta in der Oper. NWJ 21. 1. 1934; TG LA
468 Hedwig Kanner: L's Einzug in die Staatsoper. MP 22. 1. 1934; TGLA
469 Graf (Fn. 463)
470 Kralik (Fn. 462)
471 Graf (Fn. 463)
472 Ebenda
473 Marx (Fn. 467)
474 Decsey (Fn. 466)
475 Ebenda
476 Zum «Todesstoß» und zur «Wendung» Decseys s. Grun (Fn. 8), S. 273f.; in Decseys Erinnerungen «Musik war sein Leben», Wien 1962, ist L's Andenken verdrängt
477 Czech (Fn. 262), S. 274
478 Bielefelder Katalog Klassik. Stuttgart 1/1998, S. 305ff.
479 Gustav Bosse (Hg.): Zeitschrift für Musik. Berlin 1933, Heft 11, S. 1184ff.; vgl. Grun (Fn. 8), S. 270
480 Klaus Kieser: Das Gärtnerplatztheater in München 1932–1944. Frankfurt a. M. 1991, S. 29
481 N. N.: Ein Wiener Bild, das heute nacht New York überraschte. Weltblatt. Wien 12. 11. 1934; N. N.: Radiosensation zwischen Wien und New York. Wiener Sonn- und Montagszeitung 12. 11. 1934; TGLA
482 Vgl. Kieser (Fn. 480); S. 30f., 56
483 Goebbels, b. Kieser daselbst, S. 30f.
484 Drewniak, zit. n. Kieser daselbst, S. 30
485 Peter Herz: Der Fall L. In: Die Gemeinde. Wien 24. 4. 1968
486 Vgl. Kieser (Fn. 480), S. 138ff.
487 Titelverzeichnis (Fn. 454), S. 303ff., 312
488 Kieser (Fn. 480), S. 22; Richard Strauss war 1933–35 Präsident der NS-Reichsmusikkammer
489 Goebbels, zit. n. Werner Egk: Die Zeit wartet nicht. Percha 1973, S. 343; vgl. Kieser (Fn. 480), S. 29f.; Joseph Goebbels: Tagebücher 1935–39 (Bd. 3). Zürich 1992, S. 1165 (9. 12. 1937), 1226 (17. 6. 1938)
490 Kieser (Fn. 480), S. 122f., 92f.; Zitat S. 90
491 Ebenda S. 152f.
492 Ebenda S. 89ff., 97
493 Möhring (Fn. 147), S. 74, 78f.
494 Vgl. Schneidereit (Fn. 8), S. 288ff.
495 Ebenda S. 290f.
496 Faksimile der Konzession bei: Szénássy (Fn. 7), S. 124; Schneidereit (Fn. 8), S. 281
497 Vgl. FL: Die moderne Operette. Pester Lloyd. Budapest 29. 1. 1938
498 FL, zit. n. Grun (Fn. 8), S. 281; vgl. S. 286f.

499 FL: Eine Erklärung FL's. NWT 7. 7. 1933
500 Vollständig bei Eugen Kogon: Der SS-Staat. München 1974 (1994), S. 107 f.
501 Sh. bei Frey (Fn. 298), S. 326
502 Günther Schwarberg: Ein Mann und sein ganzes Herz. Die Zeit. Hamburg 23. 10. 1992
503 Vgl. Frey (Fn. 298), S. 321
504 Daselbst S. 322 f.
505 AL (Fn. 307), S. 171 ff.
506 FL, zit. n. Grun (Fn. 8), S. 291; bei Schneidereit (Fn. 8) fehlerhaft nach Grun
507 Vgl. Maria Kneip-Corbé: Gustav Kneip. Hamburg o. J. (1994), S. 81 f.
508 FL: Meine Weltreise. NWJ 3. 3. 1937
509 FL: Bad Ischler Gästebuch 22. 7. 1939, Ausz. zit. n. Peteani (Fn. 257), S. 204
510 Kieser (Fn. 480), S. 105 ff.
511 Stephan Stompor: Künstler im Exil. Frankfurt a. M. 1994, S. 195 f.
512 Möhring (Fn. 147), S. 77 ff.
513 Szénássy (Fn. 7), S. 36, 46; Schneidereit (Fn. 8), S. 327
514 Presserundschreiben II/279/40 vom 27. 4. 1940, zit. n. Wulf (Fn. 4), S. 437
515 Zit. b. Czech (Fn. 262), S. 285
516 Zit. n. Schneidereit (Fn. 200), S. 308
517 FL: Der Traum eines Künstlerlebens ist Wirklichkeit geworden. ÖVZ 22. 2. 1943
518 FL: Wie entstand der Garabonciás? Budapest, 20. 2. 1943, in: Michael Rokai (Hg.): Garabonciás. Rohübersetzung ins Deutsche. Ms. Budapest 1943, S. 4–7; TGLA
519 Ebenda
520 Ebenda
521 Schönherr (Fn. 76), vgl. S. 128 (V 118/119), 28 (GA 1), 29 (GA 10)
522 Der Wiener Walzer galt in Ungarn als untypisch und wurde bereits von Johann Strauß aus der ungarischen Fassung des «Zigeunerbaron» eliminiert.
523 FL (Fn. 518)
524 Rokai (Fn. 518), S. 79; TGLA
525 FL (Fn. 518), S. 6
526 FL, zit. n. Grun (Fn. 8), S. 290; bei Schneidereit (Fn. 8) fehlerhaft nach Grun
527 FL: Brief an Richard Fichte, Bad Ischl 21. 5. 1944; s. Auktionskatalog J. A. Stargardt Nr. 642
528 Klaus Mann: Drei deutsche Meister. In: Ders., Auf verlorenem Posten. Reinbek 1994, S. 309, 312 f., 551
529 FL, zit. n. Paul Kneplers Erinnerungen in: Grun (Fn. 8), S. 294
530 Robert Stolz in: Robert u. Einzi Stolz: Die ganze Welt ist himmelblau. Bergisch Gladbach 1986, S. 414
531 FL, eigenh. Briefnotiz, Faks. bei Peteani (Fn. 257), S. 213
532 Emmy Papházay, zit. n. Peteani (Fn. 257), S. 215 (Schreiben an Peteani, Zürich 12. 7. 1948)
533 FL, zit. n. Adolf Kretschy: Erinnerungen an FL. Das Podium. Wien April 1970
534 FL, zit. n. Grun (Fn. 8), S. 294
535 Kretschy (Fn. 533)
536 FL, zit. n. Peteani (Fn. 257), S. 222
537 Emmy Papházay, Schreiben an AL, Zürich 9. 2. 1948; TGLA (Kopie)
538 FL, zit. n. Amalia Scaja, in: Peteani (Fn. 257), S. 232
539 FL: Testament, zit. n. Schneidereit (Fn. 8), S. 323 (im übrigen S. 323 ff.)
540 Grun (Fn. 8), S. 306 f.
541 FL (Fn. 518), S. 6
542 Straus, zit. n. Mailer (Fn. 366), S. 181
543 Straus, zit. n. Grun (Fn. 8), S. 303
544 FL, Schreiben an AL vom 21. 7. 1941; Faks. Todesanzeige, LSA; vgl. Schneidereit (Fn. 8), S. 323

Zeittafel

1870 Franz Lehár wird am 30. April im ungarischen Komorn als erster Sohn des Militärkapellmeisters Franz Lehár (sen.) und der deutsch-ungarischen Christine Lehár, geb. Neubrand, geboren. In Wien: Oscar Straus geboren, Josef Strauß gestorben.
1873 Leo Fall in Olmütz geboren.
1874 Uraufführung der «Fledermaus» von Johann Strauß in Wien. Edmund Eysler (Wien) und Oskar Nedbal (Tábor) geboren.
1875 Schwester Maria Anna kommt in Preßburg zur Welt.
1876 Bruder Anton in Ödenburg geboren. Erste Liedkomposition.
1878 Sophie Paschkis (später: Frau Lehár) in Wien geboren. Begegnung Franz Lehárs mit Franz Liszt in Klausenburg.
1880 Lehár am Piaristengymnasium Budapest. Robert Stolz in Graz geboren. Jacques Offenbach stirbt in Paris.
1881 Besuch der Grundschulen Komorn und Sternberg / Mähren, wo ihm Onkel Anton vielfältigen Musikunterricht erteilt.
1882 In Prag Schüler des Konservatoriums und der Grundschule. Imre Kálmán in Siofok / Ungarn geboren.
1883 Fritz Löhner in Wildenschwert geboren; Richard Wagner in Venedig gestorben.
1884 Der Vater kommt mit der Kapelle des IR 102 nach Prag. Ralph Benatzky in Mährisch-Budwitz geboren, Friedrich Smetana in Prag gestorben.
1885 Lehár spielt Anton Dvořák Sonaten vor und wird von diesem zum Komponieren ermuntert. Eduard Künneke in Emmerich geboren.
1886 Lehár wird auch von Johannes Brahms in Wien belobigt.
1888 Geiger-Diplom am Prager Konservatorium. Anstellung als Orchesterspieler der Vereinigten Theater Elberfeld / Barmen.
1889 Einzug zum Militärdienst in Mährisch-Schönberg. In Wien Primgeiger der Militärkapelle des IR 50 unter Leitung des Vaters. Adolf Hitler in Braunau / Inn geboren.
1890 Anstellung beim IR 25 zu Losoncz / Ungarn als jüngster k. u. k. Militärkapellmeister; *Persischer Marsch*. In Wien wird Schwester Emilie Christine geboren.
1891 Einzige Begegnung mit Johann Strauß bei einem Monsterkonzert im Wiener Prater. Richard Tauber in Linz geboren.
1893 In Losoncz Vollendung der ersten Oper *Rodrigo*.
1894 Lehár wird in Pola zum Marine-Kapellmeister berufen.
1895 Franz von Suppè (Wien) und Richard Genée (Baden) gestorben.
1896 Uraufführung der Oper *Kukuška* am Stadttheater Leipzig.
1897 Kapellmeister beim IR 87 in Triest. Brahms in Wien gestorben.
1898 Tod des Vaters in Budapest, dessen Kapelle Lehár übernimmt. George Gershwin geboren, Carl Zeller in Baden gestorben.
1899 In Wien Kapellmeister beim IR 26. Johann Strauß und Carl Millöcker in Wien gestorben.
1901 Lehár wird Mitglied der Wiener «Schlaraffia». Heinrich Reinhardts «Das süße Mädel» ist die erste moderne Tanzoperette.
1902 Nach dem Erfolg von *Gold und Silber* Rücktritt vom Beruf des Militärkapellmeisters. Vertragskomponist am Theater an der Wien, daselbst *Wiener Frauen* mit Alexander Girardi; im Carl-Theater *Der Rastelbinder*, Leitung: Alexander von Zemlinsky.
1904 Der *Göttergatte* am Carl-Theater. *Die Juxheirat* mit Girardi

am Theater an der Wien. Dvořák in Prag gestorben.

1905 *Tatjana* am Brünner Stadttheater unter der Leitung von Robert Stolz. *Die Lustige Witwe* mit Mizzi Günther und Louis Treumann am Theater an der Wien.

1906 Die Mutter stirbt in Bad Ischl. *Der Schlüssel zum Paradies* in Leipzig. *Peter und Paul reisen ins Schlaraffenland* im Theater an der Wien.

1907 *Mitislaw der Moderne* in der Kabarettbühne Die Hölle. Erster Stummfilm zur *Lustigen Witwe.* Leo Fall, Oscar Straus und Georg Jarno erweisen sich als Konkurrenten in Wien.

1908 *Der Mann mit den drei Frauen* am Theater an der Wien. In Theaternähe erwirbt Lehár das Haus Theobaldgasse 16.

1909 *Das Fürstenkind* am Johann-Strauß-Theater. *Der Graf von Luxemburg* am Theater an der Wien.

1910 *Zigeunerliebe* mit Hubert Marischka am Carl-Theater.

1911 *Die Spieluhr*, Musik zu Schattenbildern (Die Hölle). *Eva (Das Fabrikmädel)* am Theater an der Wien. «Der Rosenkavalier» von Richard Strauss in Dresden.

1912 Lehár erwirbt die Ischler Villa (heute Lehár-Museum). *Rosenstock und Edelweiss* in der Hölle.

1913 *Die Ideale Gattin* am Theater an der Wien.

1914 *Endlich allein* (Theater an der Wien). *Komm, deutscher Bruder* (Raimund-Theater). Lieder-Zyklus *Aus eiserner Zeit.*

1915 Mit der «Csárdásfürstin» (Johann-Strauß-Theater) wird Emmerich Kálmán zu Lehárs größtem Konkurrenten.

1916 *Der Sterngucker* ist am Theater in der Josefstadt nicht so erfolgreich wie Leo Falls «Rose von Stambul» am Theater an der Wien.

1918 *Pacsirta* am Königlichen Theater Budapest; in deutscher Übersetzung: *Wo die Lerche singt* am Theater an der Wien. Großer Erfolg über das Kriegsende hinaus.

1920 *Die blaue Mazur* am Theater an der Wien. Vertiefung der Freundschaft mit Giacomo Puccini.

1921 *Die Tangokönigin* mit Ida Ruska am Apollo-Theater. Richard Tauber besucht Lehár in Bad Ischl.

1922 *Frühling* in der Hölle; *Frasquita* am Theater an der Wien; *La Danza delle Libellule* am Teatro Lirico Mailand.

1923 *Die gelbe Jacke* am Theater an der Wien. *Libellentanz (Die drei Grazien)* am Stadttheater Wien. Tod von Lehárs Mentor Wilhelm Karczag. Loslösung vom Theater an der Wien.

1924 Heirat mit Sophie Meth, geb. Paschkis. *Cloclo* am Bürgertheater mit Louise Kartousch. Tod Puccinis in Brüssel.

1925 *Paganini* am Johann-Strauß-Theater. Tod Leo Falls.

1926 Tauber und Vera Schwarz mit *Paganini* am Deutschen Künstlertheater Berlin. *Gigolette* am Teatro Lirico Mailand.

1927 *Der Zarewitsch* mit Richard Tauber und Rita Georg am Deutschen Künstlertheater Berlin.

1928 *Frühlingsmädel* im Neuen Theater am Zoo Berlin. *Friederike* mit Tauber und Käthe Dorsch am Metropol-Theater.

1929 *Das Land des Lächelns* mit Vera Schwarz und Richard Tauber am Metropol-Theater. New Yorker Börsenkrach.

1930 *Schön ist die Welt* mit Gitta Alpar und Richard Tauber am Metropol-Theater Berlin.

1931 Tauber-Tonfilm *Die große Attraktion* mit Musik Lehárs.

1932 Tonfilm *Es war einmal ein Walzer. Der Fürst der Berge*

(Michael Bohnen, Mimi Gyenes) am Nollendorfplatz Berlin. Lehár erwirbt das Schikanederschlössl zu Wien-Nußdorf.

1933 Film *Großfürstin Alexandra* (Maria Jeritza, Leo Slezak).

1934 *Giuditta* mit Tauber und Jarmila Novotna an der Staatsoper Wien. 120 Rundfunksender übertragen «live».

1935 Zusammenbruch des Bühnenverlages Karczag / Marischka. Gründung des Glocken Verlags in der Theobaldgasse 16. Tonfilm *Die ganze Welt dreht sich um Liebe* nach *Cloclo.*

1938 Lehár wird von Joseph Goebbels und Adolf Hitler empfangen, der Boykott aufgehoben. *Friederike* darf nicht gespielt werden.

1943 *Garabonciás* mit Julia Orosz und Tibor Udvardy am Königlichen Opernhaus Budapest uraufgeführt, wie stets: unter Lehárs Leitung. Körperlicher Zusammenbruch, Pflege in Ischl.

1946 Franz und Sophie zur Heilung in Zürich.

1947 Tod von Sophie Lehár in Zürich. Tauber zu Gast in Zürich.

1948 Letztes Konzert in Zürich für den verstorbenen Weggefährten Richard Tauber. Übersiedlung nach Bad Ischl. Letzte Begegnung mit Oscar Straus. Tod am 24. Oktober in Bad Ischl.

Zeugnisse

Wilhelm Sterk

Jedenfalls ist Herr Lehár auf dem Gebiete der Operette eine herzlich zu begrüßende Erscheinung; nach langer Pause wieder ein Musiker, der Operetten zu schreiben versteht. Daß Lehár, der eine jahrelange Militärkapellmeister-Laufbahn hinter sich hat, mit allen Mitteln der modernen Kunst instrumentieren wird, war zu erwarten.
Wiener Frauen. In: «Wiener Allgemeine Zeitung», Wien, 23. November 1902

Karl Kraus

Die Menschheit verblödet zusehends. [...] Es ist festgesetzt worden, daß, wenn die Welt untergeht, noch einmal «Dummer, dummer Reitersmann» gespielt wird. Es handelt sich nicht um ein lokales Symptom, in allen Zentren der europäischen Kultur geht die Verendung mit rauschenden Erfolgen der «Lustigen Witwe» und des «Walzertraums» Hand in Hand.
Vorurteile. In: «Die Fackel» Nr. 241, Wien, 15. Januar 1908

Emmerich Kálmán

Ich möchte nach Wien. Ich möchte dasselbe tun wie Franz Lehár!
Autobiographie (Budapest, November 1908)

Giacomo Puccini

Ich besitze Ihre neue köstliche Operette «Wo die Lerche singt» und kann nur sagen: Bravo, Maestro! Erquickend frisch, genial, voll von jugendlichem Feuer!
Puccini und Wien. Ein Brief Puccinis an Franz Lehár. In: «Neues Wiener Journal», Wien, 18. November 1919

Kurt Tucholsky

Puccini ist der Verdi des kleinen Mannes, und Lehár ist dem kleinen Mann sein Puccini. Und dieser Dreck ist international, und die ausübenden Künstler bilden sich gewiß ein, sie erfüllen eine hohe Kulturmission, wenn sie das Zeug in aller Welt sängen. [...] Brot und Spiele ... Mit dem Brot ist es zur Zeit etwas dünn. Na, da spieln mir halt. Lehár, mein Lehár, wie lieb ich dich –!
Lehár am Klavier. In: «Die Weltbühne», 25. August 1931

Richard Tauber

Ich weiß, wie viele meiner großen Erfolge mit dem Namen Lehár verknüpft sind. Ich habe sogar das Gefühl, daß das, was man eventuell meinen «Welterfolg» nennen könnte, in Wien mit dem «Paganini» einsetzte. [...] Mein liebstes Lied aber und zugleich auch jenes, das von meinem Publikum immer und immer wieder verlangt wird, ist «Dein ist mein ganzes Herz». [...] Ohne dieses um die ganze Welt gegangene, von der ganzen Weit gesungene und vielleicht allerschönste aller Lehár-Lieder gibt es seit langem schon kein Tauber-Konzert mehr.
Ich singe nicht Operette – sondern Lehár! Tauber im Gespräch mit Francis. In: «Neues Wiener Journal», Wien, 18. Januar 1934

Joseph Marx

Ehrung eines radikalen Melodikers, dem die schöne Linie in Musik und Tanz über alles geht, der sich bewußt auf Volksmäßiges stützt, sein Talent auf gesundem Boden klangfreudigen Gestaltens entwickelte bis zum Welterfolg – das gibt den konstruktiven Musikern zu denken! Sollten am Ende Melodie, Harmonie, Ausdruck in der Musik doch noch erstrebenswerte Güter sein in unserem angeblich «fachlichen» Zeitalter?
Uraufführung von Lehárs «Giuditta» in der Oper. In: «Neues Wiener Journal», Wien, 21. Januar 1934

Ernst Decsey
Die Handlung [...] ist Vorwand, das Tauber-Lied der Strebung Ziel. [...] Ich sage: Obsthändler, du hast herrliches Edelobst und verkaufst gelegentlich faule Äpfel. Du hast ein unsinniges melodisches Talent, man unterliegt dir, und du verschwendest es an eine ungeistige Angelegenheit.
Der Esel Aristoteles, In: «Neues Wiener Tagblatt», Wien, 27. Januar 1934

Joseph Goebbels
Außerdem höre ich, daß Sie Lehár als Gassenmusikanten bezeichnet haben! [...] Lehár hat die Massen, Sie nicht! Hören Sie endlich auf mit dem Geschwätz von der Bedeutsamkeit der Ernsten Musik.
Am 28. Februar 1941 zu Richard Strauss; mitgeteilt von Werner Egk: Die Zeit wartet nicht. München 1981

Julius Korngold
Unter allen Umständen populär geblieben sein dürfte Franz Lehár. Ja, als man sich Wien nicht mehr als das von Johann Strauß denken konnte, durfte es immerhin als das Lehárs möglich sein. [...] Muß ich erst versichern, daß ich Lehárs Begabung voll anerkenne, daß seine Einfälle als Spannungen des Tages lösende Liedchen schon ihren psychologischen Wert haben?
Aufzeichnungen, 1942

Maria von Peteani
Man hat errechnet, daß Franz Lehár, innerhalb seiner Lebensgrenzen, der am meisten aufgeführte Komponist aller Zeiten war, strömt doch seine Musik zu jeder Tages- und Nachtstunde durch den Äther, und wenn bei uns in Europa der friedliche Bürger müde-gelehárt in Schlaf versinkt, jauchzt die andere Seite des Erdballs: «You are my heart's delight!»
Franz Lehár. Seine Musik – sein Leben. Wien und London 1950, S. 7f.

Hans Weigel
Die Stunde der Operette hat geschlagen, doch wenn die Uhr im Saal Orlofskys am Ende des zweiten Akts sechsmal schlägt, ist sie vorüber. [...] Die Wiener Operette verging, als sie noch kaum da war. Der Rest ist Lehár.
Johann Strauß. In: Flucht vor der Größe. Graz 1960, S. 277

Werkverzeichnis

Abkürzungen: B = Bilder; KW = Konzertwalzer; L = Lied; LZ = Liederzyklus; M = Marsch; Ms. = Manuskript; Optte = Operette; P fr = Polka française; P Maz = Polka-Mazur; Potp = Potpourri; V = Vorspiel; W = Walzer; Wl = Walzerlied; Z = Zwischenspiel.
B. & B. = Bote & Bock, Berlin; B. & Co. = Bosworth & Co., Leipzig; B. & H. = Breitkopf & Härtel, New York; B. M. = Bárd, M., Budapest; Bu = Hans Burzer, Wien; BuBr = Bárd & Bruder, Budapest; C. = August Cranz, Leipzig; C. H. = C. Hofbauer, Wien; Chod = Chodel-Verlag (Anton Lehár), Wien; Choud = Choudens, Paris; C.V. = Crescendo Theaterverlag G.m.b.H., Berlin; D. = Ludwig Doblinger, Wien; D. M.V. = Drei Masken-Verlag A.G., Berlin; E. B. & Cie. = Emil Berté & Co., Wien; F. & S. = Fischer & Singer, Wien; G.V. = Glocken Verlag, Wien; Herz = Herzmansky (Doblinger), Wien; Hof = Hoffmann's Witwe, Prag; J. Ch. = Julius Chmel, Wien; J. & L. = Albert Jungmann & C. Lerch, Wien; J.W. = Josef Weinberger, Leipzig; K. & W. = W. Karczag und C. Wallner, Wien; L. K. = Ludwig Krenn Musikverlag, Wien – Leipzig; PV = Pierrot Verlag G.m.b.H., Wien; Rei = Reinhardt, Fiume; Ric = Ricordi, Mailand; R. M. = Verlag der Röder'schen Musikalienhandlung, Leipzig (Dessau); Rö = Rörich, Wien; Schm = C. Schmidl, Triest; W. B.V. = Wiener Boheme-Verlag, Wien; W. K. = Wilhelm Karczag, Leipzig; Z. & K. = Zipser und König, Budapest

A. Bühnenwerke (mit Originalverleger-Angaben)

Librettisten: BJ = Julius Bauer; BraJ = Julius Brammer; BR = Robert Bodanzky; ER = Rudolf Eger; FF = Felix Falzari; FG = Giovacchino Forzano; GA = Alfred Grünwald; GF = Fritz Grünbaum; HJ = Julius Horst; HL = Ludwig Herzer; IE = Ernö Innocent-Vincze; JB = Béla Jenbach; KM = Max Kalbeck; KP = Paul Knepler; LC = Carlo Lombardo; LF = Fritz Löhner; LK = Karl Lindau; LV = Victor Léon; MF = Ferencz Martos; MR = Rudolf Młcoch; NA = August Neidhardt; NE = Emil Norini; RH = Heinz Reichert; SL = Leo Stein; SR = Rudolph Schanzer; TO = Ottokar Tann-Bergler; VW = Wolf Völker; WA = Alfred Maria Willner; WE = Ernst Welisch

1. *Rodrigo* Oper 1 (MR) Ms. 1893
2. *Kukuška* Oper 3 (FF) C. H. 1896
3. *Wiener Frauen* Optte 3 (TO, NE) E. B. & Cie. 1902
4. *Der Rastelbinder* Optte V +2 (LV) J.W. 1902
5. *Der Göttergatte* Optte 3 (LV, SL) D. 1904
6. *Die Juxheirat* Optte 3 (BJ) J.W. 1904
7. *Tatjana* Oper 3 (FF, KM; vgl. 2) E. B. & Cie. 1905
8. *Die lustige Witwe* Optte 3 (LV, SL) D. 1905/06
9. *Der Schlüssel zum Paradies* Optte 3 (NE, HJ; vgl. 3) E. B. & Cie. 1906
10. *Peter und Paul reisen ins Schlaraffenland* Kinderoptte V +5 B (BR, GF) K. & W. 1906; B. & H. 1907
11. *Mitislaw der Moderne* Optte 1 (BR, GF) K. & W. 1907
12. *Der Mann mit den drei Frauen* Optte 3 (BJ) D. 1907
13. *Das Fürstenkind* Optte V +2 (LV) D. 1908
14. *Der Graf von Luxemburg* Optte 3 (WA, BR) K. & W. 1909
15. *Zigeunerliebe* Romantische Optte 3 (WA, BR) K. & W. 1909
16. *Eva (Das Fabrikmädel)* Optte 3 (WA, BR) D. 1911
17. *Die Spieluhr* Musikalische Komödie (zu Schattenbildern von Theo Zasche) K. & W. 1912

18. *Rosenstock und Edelweiss* Singspiel 1 (BJ) J.W. 1912
19. *Die ideale Gattin* Optte 3 (BraJ, GA; vgl. 5) D. 1913
20. *Endlich allein* Optte 3 (WA, BR) W.K. 1914
21. *Komm, deutscher Bruder* Musik zu einem Zeitbild 3 (NA, LK) gemeinsam mit Edmund Eysler, Ms. 1914
22. *Der Sterngucker* Optte 3 (LF) W.K. 1916
22a. *Der Sterngucker* Optte 3 (Neufassung LF; WA) W.K. 1916
23. *Pacsirta* Optte 3 (MF) B.M. und W.K. 1918
24. *Wo die Lerche singt* Optte 3 (WA, RH nach MF; 23) W.K. 1918
25. *Die blaue Mazur* Optte 2 + Z (SL, JB) W.K. 1920
26. *Die Tangokönigin* Optte 3 (Bra, GA; vgl. 19) D. 1921
27. *Frühling* Singspiel 1 (ER) D.M.V. 1922
28. *Frasquita* Optte 3 (WA, RH) J.W. 1922
29. *La Danza delle Libellule* Optte 3 (LC; vgl. 22) W.K. 1922
30. *Die gelbe Jacke* Optte 3 (LV) W.K. 1923
31. *Libellentanz (Die 3 Grazien)* Optte 3 (LC, WA; vgl. 29) W.K. 1923
32. *Cloclo (Lolotte)* Optte 3 (JB) D.M.V. 1924
33. *Paganini* Optte 3 (KP, JB) C.V. 1925
34. *Gigolette* Optte 3 (LC, FG) Ms. 1926 (vgl. 22)
35. *Der Zarewitsch* Optte 3 (JB, RH) D.M.V. 1927
36. *Frühlingsmädel* Optte 3 (ER; vgl. 27) D.M.V. 1928
37. *Friederike* Singspiel 3 (HL, LF) C.V. 1928
38. *Das Land des Lächelns* Romantische Optte 3 (HL, LF nach LV; vgl. 30) W.K. 1929
39. *Die lustige Witwe* Revuefassung: Optte in 6 B (SR, WE nach LV und SL; vgl. 8) D. und Ms. 1929
40. *Schön ist die Welt* Optte 3 (HL, LF n. WA / BR; vgl. 20) W.K. 1930
41. *Der Fürst der Berge* Optte 3 (LV; vgl. 13) D. 1932
42. *Giuditta* Musikalische Komödie in 5 B (KP, LF) W.K. 1933
43. *Der Graf von Luxemburg* Optte 3 (VW n. WA / BR; vgl. 14) G.V. 1937
44. *Garabonciás* Romantisches Singspiel 3 (IE, ungar.) Ms. 1943

B. Opuswerke (sofern nachgewiesen)

(1) Rex Gambrinus (Laßt uns den König loben), Ex-Marsch (E. Merkt) Rö u. B. & Co. (1889 / 90)
3 Scherzo (G-Dur) f. Piano, Ms.
4 Wiener Zugvögel (Viennesi vaganti), M, Schm + R.M. 1892
5 Kaiser-Husaren-Marsch (Kaiserhusaren), Ric 1892 (später: Marche exotique GV 1936)
6 Möcht's jubelnd in die Welt verkünden, WI (R. Crebian), R.M. 1892
7 Korallenlippen (Labbra coraline), P Maz, R.M. 1892
(7) Fantasie (As-Dur) f. Piano, Ms. Prag 23. 3. 1888
(8) Magyar dalok (Potp. üb. ungar. Zigeuner-L), Ric + R.M. 1893
9 O schwöre nicht! – ich weiß es doch, L (V. Fries), R.M. 1893
10 Schneidig voran! (Sempre avanti) (25er Regimentsmarsch) (Freiherr von Purcker Marsch) R.M. 1892
11 Wiener Lebenslust (Vita viennese) (Valse viennoise), R.M. 1892 (später: Aus der guten alten Zeit, D. 1919)
13 Lyuk, lyuk, lyuk, Ungar. M, R.M. 1893
14 Vásárhelyi induló, Ungar. M, R.M. 1893
15 Sylphiden-Gavotte, Schm 1893
16 Jugend-Ideale (Ideale di giovinezza), W, Ric + R.M. 1898 (komponiert: 17. 10. 1893 Losoncz)
17 Ora la scoppia! (Jetzt geht's los!) Humorist. M (A. Schik von Markenau), Ric + Schm 1898 (komp. 1894)
18 Backfischchens erstes Herzklop-

fen (Primo palpito d'amoure), P fr, Schm + R. M. + Ric 1894
20 Losonczi induló (Gruß an Losoncz), Ungar. M, Hof 1894
22 Sorgenlose Wanderung f. Piano, Ms.
24 La belle Polesane (Klänge aus Pola) (Adria-Walzer) (Italienischer Walzer) Rei + Schm 1895
26 Waidmannsliebe, LZ (F. Falzari), J. & L. 1894 (später: Miramare C. H. 1897; Karstlieder Chod 1934)
27 Sonatine all'antica (G-Dur) f. Piano, C. H. 1895 (1887 Prag)
28 Scherzo (B-Dur) f. Piano, C. H. 1895 [= 3.Satz aus op.(29)]
29 Palmkätzchen-Walzer (Gespießt nun allesamt als Kätzchen) (F. Falzari), Schm 1895
(29) Sonate d-moll f. Piano, Ms. 1887 Prag
(30) Le réveil du soldat, Tonstück, Ms. 1895
(31) Persische Wachtparade (Persischer Marsch), Concertstück, L. K. 1890 (später: Türkischer Marsch, L. K. 1916)
32 Liebespfand, P fr, Ms. 1895
40 Oberst Pacor, M (Pacor Marsch), Ms. 21. 7. 1896 Pola
45 Magyar ábránd (Ungarische Fantasie) (Ungarische Weisen) für Violine + Piano, C. H. + Schm 1897
46 Ein Märchen aus Tausend und eine Nacht, Scéne fantastique, C. H. 1897 (Sechs Orchester-Kompositionen Nr. 3, GV 1936)
49 Piccolo cose f. Piano, Ms. 1895
50 Japanische Serenade, Ms. 1897
52 Liebchen traut, L (Anton Lehár), Ms. 28. 5. 1899
53 Triumph-Marsch (Kaiser-Jubiläums-Marsch), Z. & K. 1898
55 Creta-Marsch (Auf nach Kreta), Schm + C. H. 1897
(55) Nachtlichter-Marsch (Marche du Cabaret) (Komm ins Nachtlicht mit), J. Ch. 1907
56 Sangue Triestin! M über volkstümliche Motive, Schm 1897
59 Helenen-Gavotte, Schm + C. H. 1899 (Fata morgana, 1912)
63 Der Träne Silbertau, Freud und Leid, L (E. Merkt), Bu 1899
64 Auf nach China! (Marsch der Verbündeten) (Kriegslieder-Marsch), Schm + Ric 1900
65 Am Klavier (Ach, am Klavier saß ich mit ihr), Gavotte-Polka (E. Merkt), C. H. 1907 (komp. 2. 11. 1900)
67 Im Boudoir (Es ist die kleine Leontine), Couplet (E. Merkt), BuBr 1906
68 Mazurka (Schlummernde Gluten), P Maz, B. & Co. 1904
(68) Hochzeitsklänge, Ms. Wien 1900
70 Paulinen-Walzer, Schm + C. H. 1901 (komp. 19. 1. 1901)
71 Concordia-Walzer, C. H. + Herz 1901
(71) Ach! Wie herzig, P fr, Ms. (C-Dur)
72 Stadtpark-Schönheiten, W, C. H. 1901 (komp. 12. 1. 1901)
73 Asklepios, W, C. H. 1901 (später: Pikanterien, Herz 1908)
74 Fest-Marsch (Hochzeits-Marsch), Ms. 1894
79 Gold und Silber W, J.Ch. 1902

C. Sonstige Werke (in Auswahl)

Aus längst vergang'ner Zeit (V. Fries) R. M. + C. H. 1891; *Ruhe (Es war das Herz mir voll)* (Rosa Crebian) C. H. 1891; *Liebeszauber* W (1890) C. 1892; *Király Hymnus (Magyar kiraly hymnus)* (Mór Jókai) Ms. 1894; *Il Guado*, Symph. Dichtung m. Ges. (L. Stecchetti) Ms. 1894; *Mädchenträume* W C. H. 1902; *Wiener Humor* M Ms. 1902; *Die Liebe zog vorüber* LZ (O. Eisenschitz) D. 1906; *Romanze* D-Dur f. Violine und Piano C. 1907; *Eine Vision (Meine Jugend)* D. 1907; *12 compositions pour piano* Ungar. Musikverlagsges. Budapest 1909; *Münchner Marsch* J. Ch. 1910; *Zigeunerfest* Ballettszene f. Orch. W. K. 1912; *La Plata* Tango L. K. 1914; *Aus eiserner Zeit*, LZ: *Trutzlied*

(F. Löhner), *Ich hab' ein Hüglein im Polenland* (K. D. Zwerger), *Nur Einer …* (Fr. W. Oestéren), *Was liegt daran? Reiterlied* 1914 (H. Zuckermann), *Fieber* (E. Weill) L. K. 1915; *China-Batterie (Chinesen Marsch)* L. K. 1917; *Lehár fiuk induló (Lehár-Söhne)* (G. Szabo) Ms. 1917 (G.V.); *An der grauen Donau* PV 1921 (später: *Donaulegenden*); *Das macht doch der Liebe kein Kind*, Onestep (A. Rebner) W. B.V. 1922 (*Ich hol' dir vom Himmel das Blau;* SR, WE 1929); *Amours*, LZ (M. Dunan) PV 1923; *Wenn eine schöne Frau befiehlt* (K. Robitschek), D. M.V. + F. & S. 1924 (G.V. 1942: *Wann sagst Du Ja?*; G. Schwenn); *Serenade* (A-Dur) f. Vl. u. Kl. Fritz Kreisler gewidmet B. & B. 1925; *Komm', die Nacht gehört der Sünde* Foxtrott (P. Herz) D. M.V. 1926; *Vindobona* (K. Hotschewer), Schlaraffia, Wien 1928; *Benoit-Lieder* Choud 1937; *Chinesische Ballett-Suite* G.V. 1938; *Wien, du bist das Herz der Welt* (WE) G.V. 1942

Bibliographie

1. Allgemeine Literatur

Bauer, Anton: 150 Jahre Theater an der Wien. Wien 1952

–: Opern und Operetten in Wien. Graz – Köln 1955

Bielefelder Katalog Klassik: Compact Discs, MusiCassetten, Schallplatten. Stuttgart 1 / 1998

Brixel, Eugen, Gunther Martin und Gottfried Pils: Das ist Österreichs Militärmusik. Graz 1982

Csáky, Moritz: Ideologie der Operette und die Wiener Moderne. Ein kulturhistorischer Essay zur österreichischen Identität. Wien 1996

Czech, Stan: Das Operettenbuch. Stuttgart 1960

Eisenberg, Ludwig: Großes biographisches Lexikon der Deutschen Bühne im XIX. Jahrhundert. Leipzig 1903

Engel, Hans: Musik und Gesellschaft. Berlin 1960

Goebbels, Joseph: Tagebücher 1924–1945. Hg. von Ralf Georg Reuth. München 1992

Graf, Max: Jede Stunde war erfüllt. Wien – Frankfurt a. M. 1947

–: Legende einer Musikstadt. Wien 1949

Groepper, Tamina: Aspekte der Offenbachiana. Frankfurt a. M. 1990

Grun, Bernard: Kulturgeschichte der Operette. München 1961

Gstrein, Heinz: Jüdisches Wien. Wien 1984

Hadamowsky, Franz, und Heinz Otte: Die Wiener Operette. Wien 1947

Holzer, Rudolf: Die Wiener Vorstadtbühnen. Alexander Girardi und das Theater an der Wien. Wien 1951

Kaubisch, Hermann: Operette. Ein Streifzug […]. Berlin 1955

Keller, Otto: Die Operette in ihrer geschichtlichen Entwicklung. Wien 1926

Kieser, Klaus: Das Gärtnerplatztheater in München 1932–1944. Zur Operette im Nationalsozialismus. Frankfurt a. M. 1991

Kleindel, Walter: Die Chronik Österreichs. Dortmund 1984

Klotz, Volker: Operette. München 1991 (S. 442–462)

Kraus, Karl: Die Fackel. Wien 1899 ff. (Nr. 222 ff.; 1907 ff.)

Kutsch, Karl Josef, und Leo Riemens: Unvergängliche Stimmen. Kleines Sängerlexikon. Bern – München 1962

Leitich, Ann Tizia: Die Wienerin. Stuttgart 1939

–: Lippen schweigen. Wien 1960

Lichtfuss, Martin: Operette im Ausverkauf. Wien 1989

Möhring, Paul: Das andere St. Pauli. Hamburg o. J.

Moles, Abraham A.: Psychologie des Kitsches. München 1972

Nick, Edmund: Vom Wiener Walzer zur Wiener Operette. Hamburg 1954

Prieberg, Fred K.: Musik im NS-Staat. Frankfurt a. M. 1982

Rabenalt, Arthur Maria: Der Operetten-Bildband. Hildesheim 1980

Reden, Alexander Sixtus von, und Josef Schweikhardt: Eros unterm Doppeladler. Wien 1993

Schneider, Otto: Tanzlexikon. Wien – Mainz 1985

Schneidereit, Otto: Berlin wie es weint und lacht. Spaziergänge durch Berlins Operettengeschichte. Berlin 1976 (2. Aufl.)

–: Operette A–Z. Berlin 1983

Scholtze, Johannes: Vollständiger Operettenführer durch die Repertoireoperetten. Berlin o. J. (2. Aufl.)

Seemann, Helfried, und Christian Lunzer: Das süße Mädel und die erotische Photographie im Wien der Jahrhundertwende. Wien 1994

Stengel, Theo, und Herbert Gerigk: Lexikon der Juden in der Musik. Berlin 1940

Stieger, Franz: Opernlexikon. Tutzing 1975 ff.
Würz, Anton (Hg.): Reclams Operettenführer. Stuttgart 1969

2. Biographien und Dokumentationen

Abkürzungen: Bbl = Bibliographie; Wv = Werkverzeichnis

Bad Ischl, Stadtgemeinde: Lehár-Museum Bad Ischl. Bad Ischl o. J.
Czech, Stan: Franz Lehár. Weg und Werk. Berlin 1940; Bbl S. 317–321
–: Franz Lehár. Lindau o. J. (1948); Wv S. 233–245; Bbl S. 354–358
–: Schön ist die Welt. Franz Lehárs Leben und Werk. Berlin 1957; Wv S. 302–308; Bbl S. 316–318
Decsey, Ernst: Franz Lehár. Wien 1924; Wv S. 142–155
–: Franz Lehár. München – Berlin 1930 (2. Aufl.); Wv S. 96–117
Dobi, Géza, Arpád Ginzeri und József Kajtár (Hg.): Franz Lehár. Die kurze Geschichte der Stadt Komárno. Komorn 1970
Frey, Stefan: «Was sagt ihr zu diesem Erfolg.» Franz Lehár und die Unterhaltungsmusik des 20. Jahrhunderts. Frankfurt a. M. 1999; Wv S. 393–436; Bbl S. 437–445
Füredi, Ladislau: Lehár. Bucuresti 1972
Glocken Verlag: Musikalische Werke von Franz Lehár. Auslieferungskatalog. Frankfurt a. M. – London – Wien o. J.
Glocken Verlag: Katalog der Bühnenwerke von Franz Lehár. Wien – Wiesbaden – London o. J.
Grun, Bernhard: Gold und Silber. Franz Lehár und seine Welt. München / Wien 1970; Wv S. 313–316; Bbl S. 326–327
Haffner, Herbert und Ingrid: Immer nur lächeln … Das Franz-Lehár-Buch. Berlin 2000
Jancik, Friedrich: Alphabetisch geordnetes Verzeichnis über sämtliche Werke von F. Lehár (bis 1932). Glocken Verlag Wien
Knosp, Gaston: Franz Lehár. Une vie d'artiste. Brüssel 1936
Lehár, Anton Freiherr von: Unsere Mutter. Wien 1930
Lehár, Anton: Erinnerungen. Hg. von Peter Broucek. Wien 1973
Lehár, Franz: Thematischer Index. Hg. vom Glocken Verlag Ltd. Mit einem Vorwort von Max Schönherr. London 1985
Macqueen-Pope, W., und D. L. Murray: Fortune's Favourite. The Life and Times of Franz Lehár. London 1953
Moser, Hans Joachim: Franz Lehár. In: Musikgeschichte in 100 Lebensbildern. Stuttgart 1958, S. 881–886 (91.)
Nick, Edmund: Lehár, Franz. MGG Bd. 8. Hg. von Friedrich Blume. Kassel 1960; S. 485 ff.; Wv S. 491–493
Peteani, Maria von: Franz Lehár. Wien 1950; Wv S. 242–265
Schneidereit, Otto: Franz Lehár. Eine Biographie in Zitaten. Berlin 1984; Wv S. 333–341; Bbl S. 364–377; Zeitungen S. 364 ff.
Schönherr, Max: Beiträge zu einer Franz-Lehár-Bibliographie. In: ÖMZ XXV (Wien 1970), S. 330–333
SPIDEM (Hg.): Chronik deutscher Unterhaltungsmusik. Bonn 1991; Wv S. 515 u. a.
Szénássy, Zoltán: Lehár. Komárno 1990

3. Zur Musik der Zeitgenossen

Grünbaum, Fritz: Die Schöpfung und andere Kabarettstücke. Hg. von Pierre Genée und Hans Veigl. Wien – München 1984
Grunsky, Peter: Richard Heuberger. Wien 1997 (Dissertation)
Grunwald, Henry u. a.: Ein Walzer muß es sein. Alfred Grünwald und die Wiener Operette. Wien 1991
Heesters, Johannes: Es kommt auf die Sekunde an. München 1978

Holzer, Rudolf: Die Wiener Vorstadtbühnen. Alexander Girardi und das Theater an der Wien. Wien 1951
Jürgs, Michael: «Gern hab' ich die Frau'n geküßt.» Die Richard-Tauber-Biographie. München 2000
Kálmán, Vera: Csárdás. Der Tanz meines Lebens. Frankfurt a. M. 1988
Korngold, Julius: Die Korngolds in Wien. Hg. von Bernd O. Rachold. Zürich – St. Gallen 1991
Linke, Norbert: Johann Strauß (Sohn) in Selbstzeugnissen und Bilddokumenten. Reinbek bei Hamburg 1996, 4. Aufl.
Mailer, Franz: Weltbürger der Musik. Eine Oscar-Straus-Biographie. Wien 1985
Oesterreicher, Rudolf: Emmerich Kálmán. Zürich 1954
Schickling, Dieter: Giacomo Puccini. Stuttgart 1989
Schneidereit, Otto: Paul Lincke und die Entstehung der Berliner Operette. Berlin 1974
–: Eduard Künneke, der Komponist aus Dingsda. Berlin 1978
–: Richard Tauber. Ein Leben, eine Stimme. Berlin 1988
Schönherr, Max: Carl Michael Ziehrer. Wien 1974
Schönherr, Max und Eugen Brixel: Karl Komzak. Wien 1989
Schwarberg, Günther: Dein ist mein ganzes Herz. Die Geschichte von Fritz Löhner-Beda ... Göttingen 2000
Stern, Carola: Die Sache, die man Liebe nennt. Das Leben der Fritzi Massary. Berlin 1998
Stolz, Robert und Einzi: Die ganze Welt ist himmelblau. Bergisch Gladbach 1986 (identisch mit: Servus du. München 1980)
Stompor, Stephan: Künstler im Exil. Frankfurt a. Main 1994
Strauss, Richard, und Hugo von Hofmannsthal: Briefwechsel. Zürich 1955 (erw. Aufl.)
Stuckenschmidt, Hans Heinz: Arnold Schoenberg. München 1989
Zimmerli, Walter: Leo Fall. Meister der Wiener Operette. Zürich 1957

4. Einzelstudien

Brusatti, Otto, und Wilhelm Deutschmann: Fle Zi Wi Csá & Co. Die Wiener Operette. Wien 1984
Csáky, Moritz: Der soziale und kulturelle Kontext der Wiener Operette. In: Finscher, Ludwig, und Albrecht Riethmüller (Hg.): Johann Strauß. Darmstadt 1995 (mit ungarischen Belegen)
Marten, Christian: Die Operette als Spiegel der Gesellschaft, Franz Lehárs *Die lustige Witwe*. Frankfurt a. M. 1988
Křenek, Ernst: Operette und Revue (1929) In: Zur Sprache gebracht. München 1958
Linke, Norbert: Franz Lehár. *Die lustige Witwe*. Programmheft zum Operettenkonzert am 7. Januar 1993, Kölner Philharmonie. Köln
–: Deutsch-jüdische Lebensformen in der Operette, mit besonderer Berücksichtigung der Librettisten von Lehár-Operetten. In: Berghoff, Peter (Hg.): Aspekte zur deutsch-jüdischen Geschichte. Duisburg 1996, S. 103–131
Sárosi, Bálint: Zigeunermusik. Budapest 1977
Schönherr, Max: Modelle der Walzerkomposition (ÖMZ 1975, S. 273–286). Ästhetik des Walzers (ÖMZ 1976, S. 57–120). Mit Ergänzungen und Register. Wien 1976 (Privatdruck)

Namenregister

Die kursiv gesetzten Zahlen bezeichnen die Abbildungen

Über den Autor

Norbert Linke wurde 1933 in Steinau/Oder in Niederschlesien geboren. Sein Vater war Schuhmachermeister und Finanzamtsangestellter, seine Mutter Schuhverkäuferin. Schulbesuch in Steinau/Oder, Jarotschin, Reisen, Wollstein, Celle. Studium in Hamburg: Komposition bei Philipp Jarnach und Ernst Gernot Klussmann. Promotion zum Dr. phil. in Musikwissenschaft an der Universität Hamburg. Gründer des Musikzuges am Albert-Schweitzer-Gymnasium Hamburg-Fuhlsbüttel. Mitglied der Freien Akademie der Künste zu Hamburg (seit 1971). 1973–77 Aufsichtsratsmitglied der GEMA München/Berlin. Linke ist seit 1976 o. Professor (Ordinarius für Musik) an der Gerhard-Mercator-Universität Duisburg; er war daselbst auch Gründungssenator. Mit Unterstützung des Ministeriums für Wissenschaft und Forschung des Landes Nordrhein-Westfalen widmete er sich grundlegenden Forschungen zur Entstehung und Entwicklung der kommerziellen Unterhaltungsmusik. Mit Nikolaus Harnoncourt gab er die Urfassung des «Zigeunerbarons» von Johann Strauß/Sohn heraus (Ricordi Verlag München; CD bei Warner). Vorstandsmitglied des Wiener Instituts für Strauß-Forschung e. V.; Verfasser der Rowohlt-Monographie rm 304 über Johann Strauß (Sohn).

Dank

Der erste Dank gilt meiner Schwester Ursula Hilscher, die mir während der Schülerzeit in Celle den Besuch mehrerer Lehár-Operetten, unter anderem im Rahmen der Britischen Truppen-Betreuung, ermöglichte. Alsdann habe ich dem deutschen Bundespräsidenten Johannes Rau zu danken, der 1976 als Wissenschaftsminister von Nordrhein Westfalen, anlässlich der Berufung auf den Lehrstuhl an der Gerhard-Mercator-Universität Duisburg, mir die Zusage gab, meine Forschungen zur «Entstehung und Entwicklung der kommerziellen Unterhaltungsmusik» aus Landesmitteln zu unterstützen. Diesem Forschungszweig entstammt, neben der Rowohlt-Monographie rm 304 Johann Strauß/Sohn, nun auch diese. Der Autor dankt Prof. Dr. Max Schönherr für zahlreiche wichtige Hinweise, dem Grazer Universitätsprofessor und Kulturhistoriker Dr. Moritz Csáky für wiederholte Begleitung des Forschungsprojekts Lehár, dem Ehepaar Hermine und Erich Kreutzer, das ihn die Materialien des Schikaneder-Lehár-Schlössls in Wien-Nußdorf einsehen ließ, der Stadtgemeinde Bad Ischl für die Öffnung des Originalpartituren-Panzerschranks, dem Wiener Professor Norbert Nischkauer für unermüdliche Zulieferungen seltener Materialien, dem Geschäftsführer des Glocken Verlags Frankfurt/Main, Johann Michel, dem Doblinger-Archivar Robert Lauermann und den Angestellten des Musikerhandschriften-Museums der Wiener Stadt- und Landesbibliothek, insbesondere den Herren Dr. Otto Brusatti und Norbert Rubey.

Quellennachweis der Abbildungen

Historische Foto-Sammlung Arnold Linke, Celle: Umschlagvorder- und -rückseite, 3, 7, 8, 13, 14, 15, 17, 24, 28/29, 33, 35, 40, 43, 44, 45, 49, 54, 55, 57, 58, 59, 65, 67, 73, 74, 77, 84, 94, 98, 103, 105, 106, 109, 115, 121, 125, 127

Aus: Eugen Brixel, Gunther Martin und Gottfried Pils: Das ist Österreichs Militärmusik. Von der «Türkischen Musik» zu den Philharmonikern in Uniform. Graz, Wien, Köln 1982: 11

Historisches Zentrum Wuppertal: 19

Privatsammlung Norbert Linke: 31, 80, 97

Aus: Paul Möhring: Das andere St. Pauli. Kulturgeschichte der Reeperbahn. Hamburg (o. J.): 47

Stadt- und Landesbibliothek Wien: 62

Foto Hofer, Bad Ischl: 63, 89

Aus: Ingrid Heinrich-Jost: Auf ins Metropol. Specialitäten- und Unterhaltungstheater im ausgehenden 19. Jahrhundert. Ein Kapitel Berliner Kulturgeschichte. Berlin (o. J.): 91

Süddeutscher Verlag, Bilderdienst, München: 113